IUSTITIAM COLIMUS

Patrizia Vipiana

Introduzione al diritto della sicurezza pubblica

Giappichelli

VIA PO, 21 - TEL. 011-81.53.111 - FAX 011-81.25.100

http://www.giappichelli.it

ISBN/EAN 978-88-921-2308-3

G. Giappichelli Editore

Questo libro è stato stampato su carta certificata, riciclabile al 100%

Stampa: Stampatre s.r.l. - Torino

INDICE

pag.

Capitolo III

LA SICUREZZA DELLA REPUBBLICA

Capitolo IV

LA SICUREZZA PRIMARIA

Capitolo V

LA SICUREZZA SECONDARIA

pag.

Capitolo VI

LA SICUREZZA SPORTIVA

Capitolo VII

LA SICUREZZA INFORMATICA

pag.

Capitolo VIII

LA SICUREZZA SANITARIA

Capitolo IX

LA SICUREZZA AMBIENTALE

INTRODUZIONE

"*Sureté publique obédience aux lois*": questa frase, che si legge sulla facciata di un antico palazzo di una cittadina del basso Piemonte, da un lato sintetizza bene il concetto di sicurezza pubblica, dall'altro lato demanda la configurazione di quest'ultimo alle scelte del legislatore, le quali sono connesse alla forma di Stato. A seconda che quest'ultimo risulti autoritario oppure democratico, la tutela della sicurezza pubblica è utilizzata quale pretesto per colpire le opposizioni politiche (come accadde nel periodo fascista) o invece viene assicurata in contemperamento con le libertà democratiche (come si verifica nell'Italia repubblicana).

Il diritto della sicurezza pubblica, pur avendo origini risalenti (si ricollega al *Polizeirecht* della giuspubblicistica tedesca), è una branca del diritto pubblico non molto studiata, anche se risulta una materia di notevole interesse in quanto declina in una prospettiva particolare le categorie generali del diritto pubblico, attinenti all'organizzazione dei pubblici poteri, alle fonti del diritto e alle libertà degli individui.

Come materia di studio universitario, il diritto della sicurezza pubblica risulta un corso impartito in poche Università italiane (tra le prime, quella di Bologna) a volte solo in anni recenti, ad esempio nell'Ateneo genovese a partire dall'a.a. 2020-21.

Siccome i manuali riguardo alla suddetta materia sono scarsi e non recentissimi, sembra utile fornire per lo studio di essa un nuovo testo di riferimento aggiornato, che risulti il più possibile rigoroso e nel contempo semplice (malgrado la complessità degli argomenti): esso è incentrato sulla tutela della sicurezza pubblica nell'ordinamento statale italiano, anche se la sicurezza soprattutto in alcune sue accezioni – si pensi alla *cybersecurity* – possiede una rilevanza sovranazionale.

Non verranno invece considerate le tematiche della sicurezza in altri ordinamenti, come l'Organizzazione delle Nazioni Unite, che pure si occupa di sicurezza in sede internazionale (ad essa fa riferimento la denominazione di uno degli organi dell'ONU, il Consiglio di sicurezza) e l'Unione europea, anche se la sicurezza concorre a costituire il secondo dei tre pilastri su cui si basa l'UE (Politica estera e di sicurezza comune PESC). Merita però sottolineare che la sicurezza è menzionata: dalla Dichiarazione universale dei diritti umani, approvata il 10 dicembre 1948 dall'Assemblea generale dell'ONU (art. 3: "Ogni individuo ha diritto … alla sicurezza della propria persona"); dalla Convenzione europea dei diritti dell'uomo, approvata il 4 novembre 1950 nell'ambito del Consiglio d'Europa (art. 5, par. 1: "Ogni persona ha diritto … alla sicurezza"); dalla Carta dei diritti fondamentali dell'Unione europea, proclamata il 7 dicembre 2000 nell'ambito dell'UE (art. 6: "Ogni individuo ha diritto … alla sicurezza").

Circoscritta l'analisi alla sicurezza pubblica nell'ordinamento italiano, si prenderanno in considerazione molteplici aspetti.

Nel capitolo iniziale si esamineranno i riferimenti alla sicurezza contenuti nella Costituzione italiana, che la cita una decina di volte in articoli sia della Parte I che della Parte II, e in molti atti normativi di grado primario non solo statali, ma anche regionali.

Nei capitoli successivi si approfondirà la sicurezza pubblica declinata in due fondamentali accezioni, quale sicurezza della Repubblica e quale sicurezza degli individui (non sicurezza dei cittadini perché essa si riferisce a quanti si trovano sul territorio dello Stato, a prescindere che abbiano o meno la cittadinanza); in questa seconda accezione, la sicurezza pubblica si esplica in vari ambiti materiali, per cui possono enuclearsi svariate manifestazioni di essa ad esempio la sicurezza sportiva e quella sanitaria.

Le numerose modalità di esplicazione della sicurezza pubblica verranno esaminate essenzialmente sotto il profilo normativo cioè della disciplina dettata al riguardo; esse verranno considerate anche, sia pure in sintesi, sotto i profili giurisprudenziale e dottrinale, con citazione di alcune delle più rilevanti sentenze in materia, soprattutto della Corte costituzionale, e degli scritti di studiosi del diritto pubblico sui singoli argomenti (alla fine di quasi tutti i capitoli verranno forniti alcuni essenziali riferimenti bibliografici, preferibilmente recenti e tratti da riviste consultabili *online*); inoltre saranno svolti anche cenni ad eventi di attualità connessi alla sicurezza pubblica.

Infine, dopo aver illustrato sotto vari aspetti le molteplici forme della sicurezza pubblica, si svolgeranno alcuni rilievi sulla nozione di sicurezza pubblica, in particolare sulla configurabilità di essa come bene comune immateriale.

Il testo è corredato da una appendice normativa e di documentazione elencante in ordine cronologico gli atti normativi e i documenti menzionati nei capitoli precedenti, con l'indicazione dei siti internet in cui tali atti e documenti sono reperibili.

Il presente lavoro si prefigge il precipuo scopo di introdurre allo studio del diritto della sicurezza pubblica gli studenti universitari specificamente delle lauree magistrali (per facilitare quelli che provengono da lauree triennali non giuridiche, si è cercato di scrivere un testo agile, redatto con uno stile piano) ed altresì quanti svolgono o intendano svolgere un'attività lavorativa regolata dal suddetto diritto (ad esempio in polizia); più in generale, il lavoro può essere utile alle persone a vario titolo interessate alla sicurezza pubblica, che ha significativi riflessi su molteplici tematiche di attualità.

Il diritto della sicurezza pubblica risulta una materia in continua evoluzione al pari, e forse più, di altre materie giuspubblicistiche sicché questo testo è suscettibile di risultare in alcuni punti superato poco tempo dopo la sua pubblicazione; tuttavia non sembra inutile aver illustrato le principali problematiche giuridiche alla sicurezza quali si presentano ad oggi, rinviando gli aggiornamenti ad una eventuale riedizione, per la quale si farà tesoro delle osservazioni di colleghi e studenti.

Riferimenti bibliografici

CARINGELLA F.-IANNUZZI A.-LEVITA L., *Manuale di diritto di pubblica sicurezza*, Dike giuridica, 2013.

DI RAIMONDO M., *Appunti di diritto dell'ordine e della sicurezza pubblica*, Editoriale Scientifica, 2016.

Capitolo I

LA SICUREZZA NELLA COSTITUZIONE E NELLA NORMATIVA DI GRADO PRIMARIO

Sommario: 1. La sicurezza nella Parte I della Costituzione. – 2. La sicurezza nella Parte II della Costituzione. – 3. La sicurezza nella normativa di grado primario, statale e regionale. – Riferimenti bibliografici.

1. La sicurezza nella Parte I della Costituzione

Preliminare alla disamina delle varie manifestazioni della sicurezza pubblica appare il riferimento ai testi giuridici che le disciplinano, ossia la Costituzione e numerosi atti normativi di grado primario, che configurano le fonti del diritto della sicurezza pubblica.

La parola "sicurezza", spesso con ulteriori specificazioni (in particolare: sicurezza pubblica), è menzionata numerose volte dalla Costituzione italiana, sia nella Parte prima che nella Parte seconda; inoltre la Carta costituzionale contiene anche richiami impliciti al concetto di sicurezza.

Nella Parte prima, dedicata ai diritti e doveri, la Costituzione usa il vocabolo "sicurezza" riguardo a vari diritti.

Tale vocabolo è usato già nell'art. 13 che apre la Parte I: dopo la previsione, al comma 2, delle garanzie con cui possono essere adottate le misure restrittive della libertà personale – cioè la riserva assoluta di legge (le misure devono essere previste soltanto dalla legge) e la riserva di giurisdizione (le misure devono essere disposte con atto motivato dell'autorità giudiziaria) –, l'**art. 13, comma 3, Cost.** stabilisce che nei casi eccezionali di necessità e urgenza indicati tassativamente dalla legge l'autorità di **pubblica sicurezza** può in via provvisoria adottare provvedimenti restrittivi della libertà personale, che devono essere comunicati entro quarantotto ore all'autorità giudiziaria, la quale nelle successive quarantotto ore può convalidarli o meno.

Il disposto in parola, mentre tiene ferma la garanzia della riserva assoluta di legge, prevede in via d'urgenza una deroga alla riserva di giurisdizione a favore delle autorità di pubblica sicurezza, da intendersi come gli ufficiali e agenti di polizia (sull'apparato che esercita la forza pubblica cioè sulle forze di polizia in senso ampio v. Cap. II): si tratta però di una deroga parziale in quanto il provvedimento restrittivo adottato dall'autorità di pubblica sicurezza risulta provvisorio e perciò dev'essere tempestivamente sottoposto al vaglio dell'autorità giudiziaria.

Il vocabolo sicurezza non è menzionato, ma un richiamo implicito a tale concetto si trova nell'**art. 14, comma 2, Cost.** il quale estende alle misure restrittive della libertà di domicilio la disciplina prevista dall'articolo precedente riguardo alle misure restrittive della libertà personale, adottabili di regola dal giudice, ma in via d'urgenza dall'autorità di pubblica sicurezza. Inoltre l'art. 14, comma 3, Cost. prevede che siano regolati da leggi speciali gli accertamenti domiciliari per alcuni motivi tra cui quelli di incolumità pubblica.

La parola sicurezza è menzionata nell'**art. 16, comma 1, Cost.** il quale stabilisce che la legge può in via generale stabilire limitazioni alla libertà di circolazione e soggiorno per motivi di sanità o di **sicurezza**.

Tale disposizione contiene una riserva di legge rinforzata, indicando puntualmente le ragioni per cui il legislatore può limitare la suddetta libertà: la nozione di sicurezza, cui si affianca quella di sanità, evoca una situazione di assenza di pericoli per l'integrità e la tranquillità, nonché per la salute, delle persone.

In una delle sue prime sentenze la Corte costituzionale ha affermato che la sicurezza non riguarda solo l'incolumità fisica, ma indica una "situazione nella quale sia assicurato ai cittadini ... il pacifico esercizio di quei diritti di libertà che la Costituzione garantisce ... Sicurezza si ha quando il cittadino può svolgere la propria lecita attività, senza essere minacciato da offese alla propria personalità fisica e morale, è l'«ordinato vivere civile» ... meta di uno Stato di diritto, libero e democratico" (sent. n. 2/1956).

Il vocabolo sicurezza è similmente utilizzato nell'**art. 17, comma 3, Cost.** il quale prevede che l'autorità di pubblica sicurezza può vietare lo svolgimento di riunioni in luogo pubblico soltanto per comprovati motivi di **sicurezza** o di incolumità pubblica.

La locuzione è simile a quella usata nell'art. 16 Cost., ma più pregnante perché richiede che i motivi siano comprovati cioè sancisce un obbligo di motivazione che giustifichi il divieto di svolgere la riunione; al concetto di sicurezza è accostato quello di incolumità per specificare l'accezione materiale della sicurezza: ad esempio si vieta la riunione in una piazza se un palazzo situato in quest'ultima presenta un cornicione pericolante, che potrebbe cadere in testa agli individui partecipanti alla riunione.

La suddetta espressione richiama il concetto di "ordine pubblico materiale" (c.d. *ordre dans la rue*) come pacifica convivenza civile, ossia privo di connotazioni ideologiche.

Tuttavia la Corte costituzionale ha delineato anche una nozione di ordine pubblico ideale riferito all'ordinamento democratico introdotto dalla Costituzione, affermando che l'ordine pubblico "è un bene inerente al vigente sistema costituzionale" dello Stato italiano, per cui sono ammissibili i mezzi volti a prevenire e reprimere ogni turbativa del suddetto ordinamento (sent. n. 19/1962).

Il disposto costituzionale in cui la parola sicurezza è usata nel modo più pregnante è l'**art. 25, comma 3, Cost.** il quale testualmente stabilisce che nessuno può essere sottoposto a misure di **sicurezza** se non nei casi previsti dalla legge.

Come ha recentemente sottolineato la Corte costituzionale, sebbene l'art. 25, terzo comma, Cost. richieda la previsione legislativa solo dei «casi» in cui può essere applicata una misura di sicurezza, la lettura di tale disposto alla luce dell'art. 13, secondo comma, Cost. implica che "la legge deve altresì prevedere, almeno nel loro nucleo essenziale, i «modi» in cui la misura di sicurezza può restringere la libertà personale" dell'individuo sottoposto ad essa (sent. n. 22/2022).

Per misure di sicurezza in senso stretto o misure preventive di pubblica sicurezza s'intendono i provvedimenti che possono venire emessi a carico di un individuo ritenuto pericoloso per la sicurezza pubblica anche se non ha commesso un reato (misure *ante delictum*), al fine di prevenire l'eventualità che commetta reati; oltre alle suddette, esistono anche le misure di sicurezza previste dagli artt. 199 ss. del Codice penale, che possono essere applicate a carico di un individuo socialmente pericoloso il quale abbia commesso un reato (misure *post delictum*), allo scopo di impedirgli di commetterne altri.

Mentre le misure del secondo tipo sono disposte dal giudice penale, le misure del primo tipo sono adottabili anche dall'autorità di pubblica sicurezza (che è un'autorità amministrativa), in quanto l'art. 25, comma 3, Cost. contiene una riserva di legge assoluta, ma non una riserva di giurisdizione: peraltro si ritiene che la disciplina delle misure di sicurezza che incidono sulla libertà personale dovrebbe rispettare, oltre all'art. 25 Cost., altresì l'art. 13 Cost. ossia prevedere per tali misure la garanzia della riserva di giurisdizione: c.d. giurisdizionalizzazione delle misure di sicurezza (sulla disciplina di queste ultime ved. Cap. IV, par. 2).

Sempre nella Parte I della Costituzione il vocabolo sicurezza è utilizzato anche nell'**art. 41, comma 2, Cost.**, in base a cui l'iniziativa economica privata non può svolgersi in modo da arrecare danno alla **sicurezza**, oltre che alla salute, all'ambiente, alla libertà e alla dignità umana.

Tale disposto pone all'imprenditore l'obbligo di organizzare la propria attività in maniera da non ledere la sicurezza delle persone, in particolare di coloro che lavorano nell'impresa (in generale sulla sicurezza nei luoghi di lavoro ved. Cap. IX, par. 1).

2. La sicurezza nella Parte II della Costituzione

Anche nella Parte seconda, dedicata all'ordinamento della Repubblica, la Costituzione usa il vocabolo "sicurezza" più volte e precisamente nel titolo V sulle autonomie locali, che è stato modificato ampiamente dalle leggi costituzionali nn. 1/1999 e 3/2001.

Nell'elencare le materie di legislazione esclusiva statale, l'**art. 117, comma 2, Cost.** alla **lett. d)** cita la materia "**sicurezza dello Stato**" contestualmente alle materie "difesa e Forze armate", "armi, munizioni ed esplosivi" in quanto connesse alla sovranità statale.

Il concetto di sicurezza pubblica è qui declinato come sicurezza della Repubblica, accezione che verrà illustrata nel Capitolo seguente.

Sempre nell'elenco delle materie di competenza legislativa esclusiva dello Stato l'**art. 117, comma 2, Cost.** alla **lett. h)** menziona la materia "ordine pubblico e **sicurezza**" però "ad esclusione della polizia amministrativa locale".

Il concetto di sicurezza pubblica è qui declinato come sicurezza degli individui che si trovano sul territorio dello Stato, accezione che verrà esaminata a partire dal terzo Capitolo.

Riguardo alla definizione delle materie "ordine pubblico e sicurezza" da un lato e "polizia amministrativa locale" dall'altro, si può far riferimento ad un disposto anteriore alle leggi costituzionali del 1999 e 2001 cioè all'art. 159 d.lgs. n. 112/1998 in base a cui:

– la materia ordine pubblico e sicurezza comprende le "misure preventive e repressive dirette al mantenimento dell'ordine pubblico, inteso come il complesso dei beni giuridici fondamentali e degli interessi pubblici primari sui quali si regge l'ordinata e civile convivenza nella comunità nazionale, nonché alla sicurezza delle istituzioni, dei cittadini e dei loro beni";

– invece la materia polizia amministrativa locale consta nelle "misure dirette ad evitare danni o pregiudizi che possono essere arrecati ai soggetti giuridici ed alle cose nello svolgimento di attività relative alle materie nelle quali vengono esercitate le competenze, anche delegate, delle Regioni e degli enti locali, senza che ne risultino lesi o messi in pericolo i beni e gli interessi tutelati in funzione dell'ordine pubblico e della sicurezza pubblica".

L'art. 117, comma 2, lett. h), Cost. aggiunge la parola "sicurezza" all'espressione "ordine pubblico" da intendersi in senso materiale (v. paragrafo precedente): al riguardo ci si è chiesti se i due vocaboli siano sinonimi (come si desume dalla suddetta definizione, peraltro anteriore alla revisione costituzionale del 2001) oppure risultino distinti benché correlati (come suggerisce anche un argomento letterale cioè la collocazione, nel testo novellato dell'art. 117 Cost., dell'aggettivo "pubblico" riferito solo al sostantivo "ordine": invero il disposto costituzionale in esame parla di "ordine pubblico e sicurezza" non di "ordine e sicurezza pubblica" quasi a voler disgiungere i due concetti).

La seconda tesi sembra preferibile poiché consente di enucleare due valenze della sicurezza: una affine all'ordine pubblico suscettibile di essere minacciato da condotte devianti dei singoli individui, cosiddetta sicurezza primaria (su cui Cap. IV), l'altra rivolta alla tranquilla convivenza dei membri di una comunità, cosiddetta sicurezza secondaria (su cui Cap. V): di quest'ultima sono enucleabili profili su cui può intervenire la legge regionale in quanto connessi alla polizia locale o ad altre materie di competenza della Regione (ma sul punto si tornerà nel paragrafo seguente).

Nell'elenco invece delle materie di competenza legislativa concorrente tra Stato e Regioni l'**art. 117, comma 3, Cost.** annovera la materia "tutela e **sicurezza** del lavoro" riguardo a cui intervengono sia la legge statale, competente a stabilire i principi fondamentali della materia, sia la legge regionale, abilitata a porre la disciplina di dettaglio.

Il vocabolo sicurezza non è menzionato, ma un richiamo implicito a tale concetto si trova nell'**art. 118, comma 3, Cost.** che cita l'articolo precedente della Costituzione, prevedendo che la legge statale disciplina forme di coordinamento fra Stato e Regioni nelle materie di cui all'art. 117, comma 2, lett. b) "immigrazione" e lett. h) "ordine pubblico e sicurezza" (sull'attuazione dell'art. 118, comma 3, Cost. si rinvia al Cap. V, par. 1).

Il vocabolo sicurezza è utilizzato anche nell'**art. 120, comma 2, Cost.** che annovera il "pericolo grave per l'incolumità e la **sicurezza pubblica**" fra le ragioni giustificanti l'intervento sostitutivo del Governo nei confronti degli organi di Regioni, Città metropolitane, Province e Comuni: può notarsi come il disposto costituzionale in esame sia l'unico in cui al sostantivo sicurezza viene accostato l'aggettivo pubblica.

Infine la parola sicurezza viene usata dall'**art. 126, comma 1, Cost.** che menziona la "**sicurezza nazionale**" tra i motivi giustificanti lo scioglimento del Consiglio regionale e la rimozione del Presidente della Regione da parte del Capo dello Stato.

La suddetta espressione era presente già nel testo originario dell'art. 126 Cost. cioè anteriore alla revisione costituzionale del 1999 (che però disciplinava solo lo scioglimento dei Consigli regionali). Deve notarsi l'elasticità della formula, la quale lascia ampia discrezionalità al titolare del potere di disporre la cessazione degli organi regionali, che potrebbe essere provocata da vari motivi: ad esempio la suddetta ipotesi di scioglimento o cessazione anticipati è suscettibile di verificarsi quando la condotta degli organi regionali provoca situazioni di disordine che minaccino la tranquillità e l'incolumità pubblica nell'intera Nazione.

Conclusivamente può osservarsi che, mentre gli articoli della Parte prima della Costituzione menzionati nel paragrafo precedente sono rimasti invariati rispetto al testo originario della Carta costituzionale e quindi la menzione della sicurezza era già contenuta nel testo del 1948, quelli della Parte seconda della Costituzione citati in questo paragrafo hanno subito una revisione nel 1999-2001 la quale ha introdotto, salvo che nell'art. 126 ove era già contenuto, il riferimento alla sicurezza: ciò sembra dimostrare che nel testo revisionato della Costituzione il tema della sicurezza pubblica ha acquisito maggior rilevanza.

3. La sicurezza nella normativa di grado primario, statale e regionale

Oltre che menzionata dalla Costituzione, la sicurezza pubblica è prevista nella normativa di rango primario, sia statale che regionale.

A) Riguardo alla cospicua normativa statale in tema di sicurezza, deve segnalarsi che addirittura all'ordinamento prerepubblicano risale il r.d. n. 773/1931 Testo unico delle leggi di pubblica sicurezza (TULPS), molte delle cui disposizioni sono tuttora vigenti, mentre alcune sono state abrogate o dichiarate costituzionalmente illegittime dalla Corte costituzionale.

Ad esempio l'art. 2 TULPS "Il prefetto, nel caso di urgenza o per grave necessità pubblica, ha facoltà di adottare i provvedimenti indispensabili per la tutela dell'ordine pubblico e della sicurezza pubblica" è stato dichiarato costituzionalmente illegittimo nei limiti in cui attribuisce al prefetto il potere di emettere ordinanze senza il rispetto dei principi dell'ordinamento giuridico: la mancata previsione di tale rispetto rende possibile "un'applicazione della norma ... tale da violare i diritti dei cittadini" (sent. n. 26/1961).

Ancora, l'art. 4 TULPS "L'autorità di pubblica sicurezza ha facoltà di ordinare che le persone pericolose o sospette e coloro che non sono in grado o si rifiutano di provare la loro identità siano sottoposti a rilievi segnaletici" è stato dichiarato costituzionalmente illegittimo nella parte in cui prevede rilievi segnaletici che comportino ispezioni personali ai sensi dell'art. 13 Cost. (come quelli la cui esecuzione coperti l'assoggettamento di una persona al potere dell'organo di polizia, ad esempio gli accertamenti compiuti su parti del corpo non esposte normalmente alla vista altrui) e quindi una violazione della libertà personale (sent. n. 30/1962).

Significativo è poi l'art. 18 TULPS che disciplina le riunioni: il comma 1 "I promotori di una riunione in luogo pubblico o aperto al pubblico devono darne avviso, almeno tre giorni prima, al questore" è stato dichiarato costituzionalmente illegittimo nella parte relativa alle riunioni non tenute in luogo pubblico, in riferimento all'art. 17 Cost.; invece non è stato colpito da dichiarazione di incostituzionalità, anche se non sembra del tutto in linea con questo disposto costituzionale, il comma 4: "Il questore, nel caso di mancato avviso ovvero per ragioni di ordine pubblico, di moralità o di sanità pubblica, può impedire che la riunione abbia luogo e può, per le stesse ragioni, prescrivere modalità di tempo e di luogo alla riunione".

Dopo l'entrata in vigore della Costituzione sono stati approvati numerosi atti legislativi in materia di sicurezza pubblica, fra cui in particolare:

– negli anni '70, le leggi approvate per combattere il terrorismo come la legge n. 497/1974 recante norme contro la criminalità (modificante molte disposizioni in materia penale) e la legge n. 152/1975 sulla tutela dell'ordine pubblico (c.d. legge Reale);
– sotto il profilo organizzativo, la legge n. 121/1981 sull'ordinamento dell'amministrazione della pubblica sicurezza;
– più di recente, la legge n. 124/2007 disciplinante il sistema di informazione per la sicurezza della Repubblica;
– nell'ultima quindicina di anni, alcuni atti legislativi riguardanti specificamente la sicurezza pubblica ossia: il d.-l. n. 92/2008 convertito in legge n. 125/2008 e la legge n. 94/2009 interamente dedicati ad essa; un decennio dopo, i c.d. "decreti-legge sicurezza" degli anni 2017-2020 contenenti disposizioni disparate sui vari aspetti della sicurezza.

Alle leggi e agli atti con forza di legge sopra citati e ad altri ancora si farà ampio riferimento nei prossimi capitoli per illustrare la disciplina della sicurezza nelle sue varie forme.

B) Riguardo alla normativa regionale (per brevità ci si limita a considerare quella delle Regioni a statuto ordinario), può sembrare che l'unico intervento regionale ammissibile in tema di sicurezza consista nel legiferare sulla materia "sicurezza del lavoro" perché essa è esplicitamente prevista dall'art. 117, comma 3, Cost. tra quelle di legislazione concorrente; invece è da ritenersi che la Regione possa legiferare anche su aspetti della sicurezza connessi ad altre materie elencate in tale disposto, ad esempio sulla sicurezza alimentare, dato che l'alimentazione rientra nelle materie di potestà legislativa concorrente.

Un più ampio margine di intervento sulla sicurezza, per i profili di essa distinti all'ordine pubblico, si apre poi al legislatore regionale sulla base della sua competenza residuale, ai sensi dell'art. 117, comma 4, Cost., in alcune materie come quella "politiche sociali" (un insieme di interventi per favorire l'inclusione sociale di individui che si trovano in situazioni di marginalità è utile perché previene minacce alla sicurezza collettiva).

Anche la Corte costituzionale ha ritenuto ammissibile l'intervento regionale in ambiti collegati alla materia sicurezza.

Già in una sentenza anteriore alla revisione costituzionale del 2001 la Corte aveva sottolineato la spettanza allo Stato delle funzioni volte a garantire gli "interessi pubblici primari" cioè "essenziali al mantenimento di una ordinata convivenza civile", ma anche riconosciuto la competenza delle Regioni ad adottare "misure dirette ad evitare danni ... nello svolgimento di attività relative alle materie" di competenza regionale (sent. n. 290/2001).

In sentenze successive alla suddetta revisione la Corte costituzionale ha ribadito la spettanza allo Stato soltanto della cura dei suddetti interessi pubblici primari: altrimenti "si produrrebbe una smisurata dilatazione della nozione di sicurezza e ordine pubblico, tale da porre in crisi la … ripartizione costituzionale delle competenze legislative, con l'affermazione di una preminente competenza statale potenzialmente riferibile a ogni tipo di attività" (sent. n. 300/2011); inoltre la Corte ha sottolineato che la finalità di tutelare la sicurezza, l'ordine pubblico e la pacifica convivenza deve essere perseguita dallo Stato, ma "le Regioni possono cooperare a tal fine … mediante misure ricomprese nelle proprie attribuzioni" (sent. n. 63/2016).

Più recentemente la Corte costituzionale ha affermato che la materia ordine pubblico e sicurezza costituisce "una materia oggettivamente delimitata che di per sé non esclude l'intervento regionale in settori ad esso liminari" ovvero ha ammesso "accanto al nucleo duro della sicurezza di esclusiva competenza statale, discipline regionali in settori prossimi ancorché non coincidenti"; la sicurezza assume una "declinazione pluralista, coerente con la valorizzazione del principio autonomistico" di cui all'art. 5 Cost., sicché si possono distinguere due accezioni di sicurezza:

– la «sicurezza in senso stretto» o «sicurezza primaria», garantita soltanto dallo Stato specialmente attraverso l'esercizio della sua potestà punitiva mirante a reprimere i reati;
– la «sicurezza in senso lato» o «sicurezza secondaria», protetta da "plurime e diversificate competenze di spettanza anche regionale": in particolare alle Regioni è consentito intraprendere "azioni volte a migliorare le condizioni di vivibilità dei rispettivi territori, nell'ambito di competenze ad esse assegnate in via residuale o concorrente come, ad esempio, le politiche (e i servizi) sociali, la polizia locale, l'assistenza sanitaria, il governo del territorio" (sent. n. 285/2019).

Riconosciuta l'ammissibilità dell'intervento regionale in materia di sicurezza, deve osservarsi che esso si è esplicato sia in sede statutaria sia in ambito legislativo.

Anzitutto la sicurezza è citata da tutti gli statuti regionali ordinari approvati dopo la revisione costituzionale del 1999 (che ha esteso l'autonomia statutaria delle Regioni) eccetto quello della Liguria: essi, nelle loro disposizioni iniziali delineanti le finalità perseguite dalla Regione (c.d. disposizioni programmatiche, peraltro prive – come affermato dalla Corte costituzionale – di efficacia giuridica), considerano varie accezioni della sicurezza.

Alcuni statuti citano specifiche accezioni della sicurezza fra cui quelle più sopra ricordate come:

– la sicurezza del lavoro, declinata come sicurezza dei lavoratori (stat. Emilia-Romagna) o dei luoghi di lavoro (stat. Toscana) o nei luoghi di lavoro (statuti Abruzzo, Marche, Umbria) o come una delle condizioni in cui deve realizzarsi il diritto al lavoro (stat. Lombardia) o anche come sicurezza umana che non dev'essere danneggiata dall'esercizio della libertà di iniziativa economica privata (statuti Lazio, Marche);
– la sicurezza alimentare (statuti Abruzzo, Campania, Emilia-Romagna. Marche, Piemonte, Puglia, Veneto), a cui possono connettersi – anche se non riguardano solo l'alimentazione – la sicurezza dei consumatori (stat. Umbria) e quella dei prodotti (stat. Piemonte);
– la sicurezza ambientale (stat. Basilicata).

Altri statuti richiamano accezioni della sicurezza più ampie come:

– la sicurezza nei luoghi di vita (stat. Abruzzo);
– la sicurezza sociale, genericamente intesa (statuti Ca-

labria, Molise, Piemonte, Puglia) o con la specificazione che uno dei fini di essa è garantire a tutti una migliore qualità della vita (stat. Umbria);

– la sicurezza individuale, menzionata in varie modalità dagli statuti in cui si afferma che la Regione interviene per "rendere effettivo il diritto alla sicurezza dei cittadini" (stat. Lombardia, art. 2, comma 4, lett. n)) o similmente promuove "il diritto di ogni persona … alla propria sicurezza" (stat. Campania, art. 8, comma 1, lett. c)) ovvero "il diritto alla sicurezza dei cittadini, perseguendo il rispetto della legalità e contrastando ogni forma di degrado urbano e sociale" (stat. Veneto, art. 6, comma 1, lett. g)): queste disposizioni degli statuti lombardo, campano e veneto sono assai significative perché configurano la sicurezza come diritto della persona, il quale è ulteriore rispetto alla sicurezza della collettività (sulla duplice accezione della sicurezza si veda il disposto dello statuto lucano citato di seguito);

– o ancora, la sicurezza individuale e collettiva prevista dallo statuto che attribuisce alla Regione il compito di garantire "la sicurezza della persona e della comunità regionale" (stat. Basilicata, art. 10, comma 2).

Un particolare rilievo merita infine la previsione statutaria in base a cui la Regione collabora con lo Stato e con le autonomie locali "per la realizzazione di interventi volti a favorire un sistema integrato di sicurezza nel proprio territorio" (stat. Lazio, art. 7, comma 3; in tale previsione lo statuto laziale, approvato nel 2004, anticipa la nozione di sicurezza integrata introdotta a livello statale nel 2017: ved. Cap. V, par. 1).

Oltre che dagli statuti ordinari, la sicurezza è menzionata da parecchie leggi regionali adottate già agli inizi degli anni 2000, alcune prima dell'approvazione dei nuovi statuti, altre dopo di essa per dare attuazione ai disposti statutari summenzionati, nonché viene citata da leggi regionali approvate negli ultimi anni: su di esse si rinvia integralmente al Cap. V, par. 4.

Riferimenti bibliografici

BONETTI P., *Ordine pubblico, sicurezza, polizia locale e immigrazione nel nuovo art. 117 della Costituzione*, in *Le Regioni* n. 2-3/2002.

CAIA G., *L'ordine e la sicurezza pubblica*, in CASSESE S. (a cura di), *Trattato di diritto amministrativo. Diritto amministrativo speciale*, tomo I, Giuffrè, 2003, p. 281 ss.

CAMERLENGO Q., *Pubblica sicurezza statale e polizia amministratva locale tra ordine pubblico e sviluppo economico*, in *Le Regioni* n. 1/2002.

TROPEA G., *Sicurezza e sussidiarietà. Premesse per uno studio tra sicurezza pubblica e democrazia amministrativa*, Edizioni Scientifiche Italiane, 2010.

Capitolo II

L'APPARATO DELLA SICUREZZA PUBBLICA

Sommario: 1. Distinzione preliminare. – 2. L'amministrazione della pubblica sicurezza. – 3. Le Forze incaricate di tutelare la sicurezza pubblica. – Riferimenti bibliografici.

1. Distinzione preliminare

Prima di esaminare l'aspetto oggettivo della sicurezza pubblica, cioè le varie manifestazioni di essa, occorre considerare l'aspetto soggettivo cioè l'apparato competente a svolgere le funzioni che la tutelano: per l'esattezza bisognerebbe parlare di apparati al plurale, poiché sussistono due distinti assetti organizzativi in base all'accezione di sicurezza che si consideri.

Invero l'apparato che presiede alla sicurezza pubblica in senso ampio è diversamente articolato a seconda che con quest'ultima espressione si intenda la sicurezza della Repubblica o la sicurezza degli individui che si trovano sul suo territorio: tali due accezioni della sicurezza peraltro sono strettamente connesse fra loro, in quanto la sicurezza delle persone è protetta se a sua volta è garantita la sicurezza delle istituzioni repubblicane.

L'apparato organizzativo che si occupa della sicurezza della Repubblica fa capo al Presidente del Consiglio dei ministri ed è disciplinato dalla legge n. 124/2007 che prevede un'articolazione molto complessa di tale apparato: su di esso si rinvia integralmente al Cap. III.

L'apparato organizzativo che si occupa della sicurezza degli individui, usualmente detto amministrazione della pubblica sicurezza (in base all'ancora vigente art. 1 r.d. n. 773/1931 l'autorità di pubblica sicurezza "veglia al mantenimento dell'ordine pubblico, alla sicurezza dei cittadini, alla loro incolumità e alla tutela della proprietà ..."), invece fa capo al Ministro dell'interno ed è disciplinato dalla legge n. 121/1981: su tale apparato ci si sofferma nel paragrafo seguente.

2. L'amministrazione della pubblica sicurezza

La legge n. 121/1981 (di cui nel prosieguo si citano alcuni articoli) delinea l'ordinamento dell'Amministrazione della pubblica sicurezza, collocando le autorità di pubblica sicurezza su tre livelli: nazionale, provinciale e locale.

L'**Autorità nazionale di pubblica sicurezza** risulta il Ministro dell'interno che è responsabile della tutela dell'ordine e della sicurezza pubblica, nonché dirige i servizi di ordine e sicurezza pubblica (artt. 1 e 2).

A livello centrale inoltre operano:

– il Dipartimento della pubblica sicurezza che è uno dei Dipartimenti in cui si articola il Ministero dell'interno: tale

Dipartimento, secondo le direttive e gli ordini del Ministro dell'interno, provvede all'attuazione della politica dell'ordine e sicurezza pubblica nonché alla direzione e amministrazione della Polizia di Stato (artt. 4-6);

– il Comitato nazionale dell'ordine e della sicurezza pubblica: è presieduto dal Ministro dell'interno e composto da un sottosegretario di Stato per l'interno designato dal Ministro, con funzioni di vicepresidente, dal Capo della polizia-direttore generale della pubblica sicurezza, dal comandante generale dell'Arma dei carabinieri e da quello del Corpo della guardia di finanza, dal direttore generale dell'Amministrazione penitenziaria, inoltre il Ministro dell'interno può chiamare altre autorità a partecipare alle riunioni; il suddetto Comitato è organo di consulenza del Ministro dell'interno (artt. 18-19).

Le **Autorità provinciali di pubblica sicurezza** sono il prefetto e il questore.

Il prefetto ha la responsabilità generale dell'ordine e della sicurezza pubblica nella provincia e sovrintende all'attuazione delle direttive emanate in materia (art. 13).

Ogni Prefettura è articolata in aree, tra cui l'area denominata "Ordine e sicurezza pubblica e tutela della legalità territoriale".

Il questore ha la direzione, la responsabilità e il coordinamento, a livello tecnico-operativo, dei servizi di ordine e sicurezza pubblica e dell'impiego a tal fine della forza pubblica (art. 14).

Il prefetto e il questore operano entrambi in materia di sicurezza pubblica, ma con ruoli diversi: il prefetto ha competenza politico-amministrativa (negli ultimi anni le funzioni del prefetto sono state potenziate), mentre il questore ha competenza a livello tecnico-operativo; inoltre riguardo alla responsabilità: il prefetto è alle dirette dipendenze del Ministro dell'interno, ma in posizione autonoma rispetto al Dipartimento di pubblica sicurezza, mentre il questore è incardinato in tale Dipartimento e sottoposto gerarchicamente al Capo della polizia.

A livello provinciale inoltre opera il Comitato provinciale per l'ordine e la sicurezza pubblica: esso è presieduto dal prefetto e composto dal questore, dal sindaco del Comune capoluogo, dal Presidente della Provincia, dai comandanti provinciali dell'Arma dei carabinieri e del Corpo della guardia di finanza, dai sindaci degli altri Comuni se si discutano questioni d'interesse per questi ultimi, inoltre il prefetto può chiamare altre autorità a partecipare alle riunioni; tale Comitato è organo di consulenza del prefetto (art. 20).

A livello della Città metropolitana è poi stato introdotto nel 2017 il Comitato metropolitano: esso è copresieduto dal prefetto e dal sindaco metropolitano nonché composto dal sindaco del Comune capoluogo, qualora non coincidente con il sindaco metropolitano, e dai sindaci dei Comuni interessati, ma possono essere invitati a partecipare alle riunioni anche soggetti pubblici e privati dell'ambito metropolitano; il Comitato ha compiti di analisi, valutazione e confronto sulle tematiche della sicurezza urbana riguardanti il territorio della Città metropolitana (art. 6 d.-l. n. 14/2017 conv. in legge n. 48/2017).

Le **Autorità locali di pubblica sicurezza** risultano, secondo l'ampiezza del Comune:

– il questore, nel Comune capoluogo di provincia;
– i funzionari preposti ai commissariati di polizia, negli altri Comuni;

– i sindaci quali ufficiali del Governo, nei Comuni ove non siano istituiti commissariati di polizia (art. 15 legge n. 121/1981).

3. Le Forze incaricate di tutelare la sicurezza pubblica

Le **Forze di polizia in senso ampio o forze dell'ordine** risultano:

– Polizia di Stato è "al servizio delle istituzioni democratiche e dei cittadini ... tutela l'esercizio delle libertà e dei diritti dei cittadini ... tutela l'ordine e la sicurezza pubblica ... provvede alla prevenzione e alla repressione dei reati" (art. 24 legge n. 121/1981); la polizia dipende dal Dipartimento della pubblica sicurezza del Ministero dell'interno e il direttore generale di tale Dipartimento risulta il Capo della polizia; il Dipartimento ha uffici a livello provinciale, le questure, ciascuna diretta da un questore; la legge del 1981 ha modificato l'articolazione gerarchica dei dipendenti della Polizia (che sono, in ordine decrescente di importanza: dirigenti, commissari, ispettori, sovrintendenti, agenti);

– Arma dei carabinieri è "forza armata in servizio permanente di pubblica sicurezza" (art. 16) ed è collocata presso il Ministero della difesa: essa per i compiti militari dipende dal Ministro della difesa, mentre per i compiti di ordine e sicurezza pubblica dipende funzionalmente dal Ministro dell'interno;

– Corpo della guardia di finanza concorre "al mantenimento dell'ordine e della sicurezza pubblica" (art. 16 legge n. 121/1981) e dipende direttamente dal Ministro dell'economia e delle finanze;

– Corpo degli agenti di custodia, detto anche polizia penitenziaria, può essere chiamato a concorrere nell'espletamento dei servizi di ordine e sicurezza pubblica e dipende dal Dipartimento della amministrazione penitenziaria del Ministero della giustizia.

Poteva concorrere ad espletare servizi di sicurezza pubblica il Corpo forestale dello Stato, assorbito nell'Arma dei carabinieri dal d.lgs. n. 177/2016 (art. 7 che elenca i numerosi compiti ora spettanti all'Arma dei carabinieri in materie che erano di competenza del Corpo forestale dello Stato; l'art. 10 menziona compiti che venivano esercitati dal Corpo forestale dello Stato ora attribuiti alla Polizia di Stato e al Corpo della guardia di finanza).

In particolare, il d.lgs. n. 177/2016 espressamente attribuisce alle forze di polizia distinte funzioni nei vari ambiti della sicurezza (art. 2).

La *Polizia di Stato* è competente in tema di:

– sicurezza stradale;
– sicurezza ferroviaria;
– sicurezza delle frontiere;
– sicurezza postale e delle comunicazioni.

L'*Arma dei carabinieri* ha competenza riguardo a:

– sicurezza in materia di sanità, igiene e sofisticazioni alimentari;
– sicurezza in materia forestale, ambientale e agroalimentare;
– sicurezza in materia di lavoro e legislazione sociale;
– sicurezza del patrimonio archeologico, storico, artistico e culturale italiano.

La *Guardia di finanza* è competente riguardo a:

– sicurezza del mare (salvo le attribuzioni delle Capitanerie di porto – Guardia costiera);
– sicurezza in materia di circolazione dell'euro e degli altri mezzi di pagamento.

Il d.lgs. n. 177/2016, adottato in attuazione della delega contenuta nella legge n. 124/2015 sulla riorganizzazione delle pubbliche amministrazioni, oltre al riparto fra le forze di polizia dei compiti in materia di sicurezza, prevede altresì:

– la razionalizzazione dei presidi di polizia, privilegiando l'impiego della Polizia di Stato nei Comuni capoluogo e dell'Arma dei carabinieri nelle restanti parti del territorio nazionale (art. 3);
– la gestione associata dei servizi strumentali delle Forze di polizia (art. 5);
– il completamento della realizzazione del numero unico di emergenza 112 su tutto il territorio nazionale (art. 8).

Sul coordinamento tra le forze di polizia sono intervenuti anche atti legislativi posteriori in materia di sicurezza pubblica (ad esempio l'art. 8-bis d.-l. n. 53/2019, conv. in legge n. 77/2019, sul potenziamento dei presidi delle Forze di polizia): ciò sottolinea l'importanza dell'apparato competente a tutelare la sicurezza pubblica.

Rispetto alla Polizia di Stato, formata da addetti che risultano dipendenti statali e dotata delle suddette funzioni, occorre tener distinta la polizia locale incardinata ai livelli subregionali (polizia provinciale e polizia municipale: per la precisione dovrebbe parlarsi di polizie locali), formata da addetti che sono dipendenti degli enti locali (Provincia e Comune) e dotata della funzione di vigilanza e controllo sulle attività relative a materie di competenza di tali enti.

Riguardo alla disciplina costituzionale di tale funzione occorre confrontare le due diverse formulazioni, quella originaria e quella vigente, dell'art. 117 Cost.:

– la "polizia locale urbana e rurale" era prevista nel testo originario dell'art. 117 Cost. fra le materie di legislazione concorrente fra Stato e Regioni ed è stata disciplinata dai legislatori regionali nel rispetto dei principi fondamentali stabiliti dalla legge n. 65/1986 ("Legge-quadro sull'ordinamento della polizia municipale", espressamente riferita solo alla polizia locale dei Comuni);

– la "polizia amministrativa locale" è prevista dal vigente art. 117, comma 2, lett. h), Cost. che la esclude da "ordine pubblico e sicurezza" (di competenza esclusiva dello Stato: Cap. precedente, par. 2): la Costituzione non indica espressamente il tipo di competenza legislativa cui è riconducibile la materia "polizia amministrativa locale", ma riguardo a quest'ultima è ancora vigente la suddetta legge n. 65/1986 (sulle prospettive di modifica v. Cap. V, par. 5).

Mentre la Polizia di Stato è istituzionalmente competente a garantire la sicurezza pubblica, le polizie locali possono svolgere tale competenza in via ausiliaria sulla base di appositi atti di conferimento: l'art. 5 della legge n. 65/1986 prevede che il personale appartenente al corpo della polizia locale può essere chiamato a svolgere "funzioni ausiliarie di pubblica sicurezza" e a tal fine occorre che il prefetto conferisca al suddetto personale la qualifica di agente di pubblica sicurezza, dopo aver accertato il possesso di alcuni requisiti legislativamente previsti.

Riferimenti bibliografici

GIUPPONI T.F. (a cura di), *L'Amministrazione di pubblica sicurezza e le sue responsabilità. Tra dettato normativo e prassi*, Bononia University Press, 2017.

MOSCA C., *Il coordinamento delle Forze di Polizia. Teoria generale*, Cedam, 2005.

Capitolo III

LA SICUREZZA DELLA REPUBBLICA

Sommario: 1. L'evoluzione della disciplina sulla sicurezza della Repubblica. – 2. Gli organi competenti riguardo alla sicurezza della Repubblica. – 3. Le classifiche di segretezza e il segreto di Stato. – 4. La Corte costituzionale "giudice del segreto". – Riferimenti bibliografici.

1. L'evoluzione della disciplina sulla sicurezza della Repubblica

La sicurezza della Repubblica si esplica come garanzia delle istituzioni repubblicane da attività finalizzate a sovvertire l'ordinamento democratico: essa è correlata alla sicurezza dei soggetti nella Repubblica, in quanto la prima forma di sicurezza risulta indispensabile per tutelare la seconda.

La disciplina della sicurezza della Repubblica è contenuta interamente nella legislazione statale: tale competenza era implicita nel testo originario della Costituzione, mentre è ora esplicita nell'art. 117, comma 2, lett. d), Cost. come modificato dalla legge cost. n. 3/2001, che attribuisce alla potestà legislativa esclusiva statale la materia "sicurezza dello Stato".

Una delle prime leggi volte a garantire la sicurezza della Repubblica, adottata per prevenire l'affermarsi di movimenti analoghi al fascismo, fu la legge n. 645/1962 attuativa della XII disposizione finale della Costituzione che vieta la riorganizzazione del disciolto partito fascista: siffatta legge punisce i promotori e i membri dei movimenti che perseguano "finalità antidemocratiche proprie del partito fascista, esaltando, minacciando o usando la violenza quale metodo di lotta politica o propugnando la soppressione delle libertà garantite dalla Costituzione o denigrando la democrazia, le sue istituzioni e i valori della Resistenza, o svolgendo propaganda razzista" (art. 1).

Riguardo alla sicurezza della Repubblica più in generale (ossia non per lo specifico fine summenzionato), alla fine degli anni '70 fu approvata la legge n. 801/1977 "Istituzione e ordinamento dei servizi per le informazioni e la sicurezza e disciplina del segreto di Stato", poi abrogata nel 2007. Questa legge:

– attribuiva il coordinamento della politica di sicurezza per la difesa dello Stato al Presidente del Consiglio dei ministri, con l'obbligo di riferire ogni semestre al Parlamento;

– istituiva: il Comitato interministeriale per le informazioni e la sicurezza (CIIS), presso la Presidenza del Consiglio; il Comitato esecutivo per i servizi di informazione e di sicurezza (CESIS), alle dirette dipendenze del Presidente del Consiglio; il Servizio per le informazioni e la sicurezza militare (SISMI), alle dipendenze del Ministro per la difesa; il Servizio per le informazioni e la sicurezza democratica (SISDE), alle dipendenze del Ministro dell'interno;

– istituiva un Comitato parlamentare, formato da quattro deputati e quattro senatori, per il controllo sull'applicazione dei principi stabiliti dalla legge;

– disciplinava il segreto di Stato, che il Presidente del Consiglio poteva opporre, previa indicazione sintetica dei motivi, anche al suddetto Comitato parlamentare il quale, nel caso in cui avesse ritenuto infondata l'opposizione, avrebbe dovuto riferire alle Camere per le conseguenti valutazioni politiche; invece prima della legge n. 801/1977 l'allora vigente Codice di procedura penale prevedeva il segreto politico o militare e stabiliva che l'utilizzazione delle notizie su cui fosse stato apposto tale segreto poteva venire autorizzata dal Ministro della giustizia.

Dopo trent'anni la suddetta legge è stata abrogata dalla **legge n. 124/2007** "Sistema di informazione per la sicurezza della Repubblica e nuova disciplina del segreto" che, rispetto alla precedente, contiene alcuni aspetti innovativi, in particolare:

– razionalizza l'apparato della sicurezza della Repubblica, incardinando i servizi segreti presso la Presidenza del Consiglio, mentre in passato essi dipendevano dai Ministri dell'interno e della difesa, come illustrato più sopra;

– prevede che la decisione del Presidente del Consiglio di far valere il segreto di Stato sia sindacabile dalla Corte costituzionale attivata in sede di giudizio su conflitto di attribuzione, mentre in precedenza tale sindacato non era previsto.

Preliminare alla disciplina dei due oggetti della legge, il sistema di informazione per la sicurezza della Repubblica e il segreto di Stato, è la definizione di tale sicurezza, che emerge dagli articoli i quali sanciscono la difesa di essa. Possono enuclearsi due accezioni di sicurezza della Repubblica, a seconda dei pericoli da cui occorre difenderla:

– dal punto di vista esterno: bisogna difendere la "indipendenza ... integrità e ... sicurezza della Repubblica ... dalle minacce provenienti dall'estero" (art. 6);

– dal punto di vista interno: occorre difendere "la sicurezza interna della Repubblica e le istituzioni democratiche poste dalla Costituzione a suo fondamento da ogni minaccia, da ogni attività eversiva e da ogni forma di aggressione criminale o terroristica" (art. 7).

2. Gli organi competenti riguardo alla sicurezza della Repubblica

In materia di sicurezza della Repubblica, come definita più sopra, la legge n. 124/2007 attribuisce: A) le competenze decisionali e gestionali all'esecutivo; B) la funzione di controllo al Parlamento.

A) Riguardo alla sicurezza della Repubblica, un ruolo fondamentale è svolto dal potere esecutivo, ma non dal Ministro/Ministero dell'interno come avviene riguardo alla sicurezza delle persone (v. Cap. II, par. 2 e cenni nei capitoli successivi), bensì a livello di Presidente/Presidenza del Consiglio dei ministri.

La legge n. 124/2007 delinea il "Sistema di informazione per la sicurezza della Repubblica" (art. 2), apparato governativo composto dai seguenti organi.

– Al vertice si colloca il **Presidente del Consiglio dei ministri**: qualificato "Autorità nazionale per la sicurezza, a tutela del segreto di Stato" (art. 9, comma 2, lett. a)), ha "in via esclusiva ... l'alta direzione e la responsabilità generale della politica dell'informazione per la sicurezza, nell'interesse e per la difesa della Repubblica" (art. 1, comma 1) e a tal fine impartisce direttive per l'organizzazione e il funzionamento del suddetto Sistema (art. 1, comma 3): in particolare (come si illustrerà nel Cap. VII sulla sicurezza informatica, in part. par. 2) il Presidente del Consiglio esercita il potere di direttiva riguardo alle attività volte a proteggere la sicurezza cibernetica.

– **Autorità delegata**: ministro senza portafoglio o sottosegretario di Stato a cui il Presidente del Consiglio può, se lo ritiene opportuno, delegare funzioni non attribuitegli in via esclusiva (art. 3); sussistono invece alcune funzioni (come quelle menzionate poco sopra) che, per la loro delicatezza, possono essere esercitate solo dal Presidente del Consiglio.

– **Comitato interministeriale per la sicurezza della Repubblica CISR**: è composto dal Presidente del Consiglio che lo presiede, dall'Autorità delegata (se istituita), dai Ministri degli affari esteri, dell'interno, della difesa, della giustizia, dell'economia, dello sviluppo economico, della transizione ecologica; esso ha funzioni di consulenza, proposta e deliberazione sugli indirizzi e sulle finalità generali della politica dell'informazione per la sicurezza (art. 5).

– **Dipartimento delle informazioni per la sicurezza DIS**: istituito presso la Presidenza del Consiglio dei ministri, coordina le attività di informazione per la sicurezza, in particolare raccoglie informazioni provenienti dai servizi informativi (c.d. servizi segreti o di *intelligence*), elabora analisi strategiche, esercita il controllo sull'AISE e sull'AISI, cura la promozione e diffusione della cultura della sicurezza (art. 4). Inoltre (come si illustrerà nel Cap. VII sulla sicurezza informatica, in part. par. 2) il DIS coordina le attività di ricerca finalizzate a proteggere la sicurezza cibernetica.

Nell'ambito del DIS è istituito l'Ufficio centrale per la segretezza UCSe, che svolge funzioni riguardo al segreto di Stato (art. 9).

– **Agenzia informazioni e sicurezza esterna AISE**, a cui sono attribuiti: il compito di ricercare ed elaborare le informazioni utili alla sicurezza esterna della Repubblica; le attività di controproliferazione concernenti i materiali strategici (per controproliferazione s'intende l'attività volta a prevenire, rilevare e contrastare la realizzazione di armi di distruzione di massa – ordigni nucleari, armi chimiche e biologiche – ed individuare il traffico dei materiali connessi); le attività di informazione per la sicurezza, che si svolgono al di fuori del territorio nazionale, a protezione degli interessi politici, militari, economici, scientifici e industriali dell'Italia (art. 6).

– **Agenzia informazioni e sicurezza interna AISI**, a cui sono attribuiti: il compito di ricercare ed elaborare le informazioni utili per difendere la sicurezza interna della Repubblica da ogni tipo di condotta eversiva, criminale e terroristica; le attività di informazione per la sicurezza, che si svolgono all'interno del territorio nazionale, a protezione degli interessi politici, militari, economici, scientifici e industriali dell'Italia; il compito di individuare e contrastare all'interno del territorio nazionale le attività di spionaggio dirette contro l'Italia e le attività volte a danneggiare gli interessi nazionali (art. 7).

Le funzioni attribuite al DIS, all'AISE e all'AISI hanno carattere di esclusività cioè non possono essere svolte da altri organi; invece del Sistema di informazione per la sicurezza non fa parte il Reparto informazioni e sicurezza RIS dello Stato maggiore della difesa, che ha solo compiti di carattere tecnico-militare (art. 8).

Ogni sei mesi il Presidente del Consiglio dei ministri trasmette al COPASIR (v. il prosieguo del paragrafo) una relazione sull'attività dei servizi di informazione per la sicurezza contenente un'analisi della situazione e dei pericoli per la sicurezza (art. 33).

Entro febbraio di ogni anno il Governo trasmette al Parlamento una relazione sulla politica dell'informazione per la sicurezza e sui risultati raggiunti nell'anno precedente (art. 38). A tale relazione (come si illustrerà nel Cap. VII sulla sicurezza informatica, in part. par. 2) è allegato il documento di sicurezza nazionale riguardante le attività finalizzate alla protezione cibernetica.

La relazione sulla politica dell'informazione per la sicurezza relativamente al 2021 è stata pubblicata a febbraio 2022 e può leggersi sul sito www.sicurezzanazionale.gov.it.

Essa è articolata in vari punti, che riguardano molteplici problematiche:

– Tutela del sistema Paese: specificamente lo scenario globale e la tutela degli assetti strategici, la sicurezza energetica, la minaccia *cyber* e la minaccia ibrida.
– Scenari geopolitici.
– Terrorismo internazionale.
– Immigrazione irregolare.
– Eversione ed estremismi.
– Ingerenza criminale.
– Sicurezza ambientale.

B) Anche se in materia di sicurezza della Repubblica il ruolo preponderante è svolto dall'apparato governativo, le Assemblee parlamentari esercitano una importante funzione di controllo, specialmente attraverso un'articolazione di esse, di carattere bicamerale, denominata **Comitato parlamentare per la sicurezza della Repubblica COPASIR**.

Tale Comitato è composto da cinque deputati e cinque

senatori, nominati entro venti giorni dall'inizio di ogni legislatura dai Presidenti delle Camere in proporzione al numero dei membri dei gruppi parlamentari; viene presieduto da un deputato o senatore appartenente ai gruppi parlamentari di opposizione.

Il Comitato esercita funzioni di controllo cioè verifica che l'attività del Sistema di informazione per la sicurezza si svolga "nel rispetto della Costituzione, delle leggi, nell'esclusivo interesse e per la difesa della Repubblica e delle sue istituzioni" (art. 30).

A tal fine il COPASIR effettua periodicamente audizioni del Presidente del Consiglio, dei ministri membri del CISR, dei direttori del DIS, dell'AISE e dell'AISI e può ottenere copie di atti relativi a procedimenti in corso presso l'autorità giudiziaria.

– In particolare, qualora la comunicazione di un'informazione o la trasmissione di copia di un documento possa pregiudicare la sicurezza della Repubblica, i rapporti con Stati esteri, lo svolgimento di operazioni in corso o l'incolumità di fonti informative, collaboratori o appartenenti ai servizi di informazione per la sicurezza, il destinatario oppone l'esigenza di riservatezza al COPASIR;

– se il Comitato insiste, la richiesta è sottoposta al Presidente del Consiglio dei ministri che decide entro trenta giorni;

– il Comitato, qualora ritenga infondata la decisione del Presidente del Consiglio o non riceva comunicazione nel termine prescritto, ne riferisce a ciascuna delle due Camere (art. 31).

Il COPASIR presenta una relazione annuale al Parlamento per riferire sull'attività svolta e formulare proposte e segnalazioni; può nel corso dell'anno trasmettere al Parlamento note informative e relazioni urgenti (art. 35).

Riguardo alla composizione del suddetto Comitato, con l'insediamento nel febbraio 2021 del Governo Draghi, sostenuto da tutti i partiti salvo uno (Fratelli d'Italia), si è verificato che la struttura del COPASIR non riflettesse più la proporzione fra gruppi di maggioranza e di opposizione alle Camere e soprattutto che la presidenza del medesimo non risultasse più attribuita ad un parlamentare dell'opposizione (presidente del COPASIR nel febbraio 2021 era l'on. Volpi della Lega, partito di opposizione prima del Governo Draghi e invece partito di maggioranza in quest'ultimo). Anche se l'unico partito all'opposizione aveva richiesto di riportare la composizione del COPASIR in linea con la previsione della legge n. 124/2007, i Presidenti delle due Assemblee parlamentari nell'aprile 2021 hanno escluso un intervento autoritativo per effettuare il riallineamento; dopo alterne vicende, dal giugno 2021 presidente del COPASIR risulta il sen. Urso, del suddetto partito di opposizione.

3. Le classifiche di segretezza e il segreto di Stato

Oltre a delineare il sistema di informazione per la sicurezza della Repubblica, la legge n. 124/2007 (artt. 39 ss.) prevede le c.d. classifiche di segretezza, che limitano la conoscibilità dei documenti classificati, e il segreto di Stato, che esclude la conoscenza dell'atto su cui è apposto: tali misure risultano essenziali per garantire la suddetta sicurezza, anche se configurano eccezioni al principio di trasparenza dell'attività dei pubblici poteri.

Riguardo alle **classifiche di segretezza**, la legge n. 124/2007 prevede che al fine di circoscrivere la conoscenza di atti, documenti, informazioni, attività e cose soltanto ai soggetti che hanno necessità di accedervi per le proprie funzioni istituzionali sono previsti quattro livelli denominati "classifiche di segretezza" che, in ordine decrescente, sono: segretissimo, segreto, riservatissimo e riservato, in base ai criteri ordinariamente seguiti nelle relazioni internazionali. La classifica:

– è apposta, e può essere elevata, dall'autorità che forma il documento o acquisisce la notizia;
– è declassata al livello inferiore trascorsi cinque anni dalla apposizione e cessa di avere efficacia decorsi altri cinque anni (art. 42).

Per la trattazione di informazioni classificate come segretissimo, segreto e riservatissimo occorre il possesso del nulla osta di sicurezza NOS, che dura cinque anni per la classifica di segretissimo e dieci anni per le classifiche di segreto e riservatissimo. L'Ufficio centrale per la segretezza (UCSe), istituito presso il DIS (v. paragrafo precedente) dispone il rilascio e la revoca del NOS: il rilascio è subordinato all'accertamento volto ad escludere dalla conoscibilità di notizie secretate "ogni soggetto che non dia sicuro affidamento di scrupolosa fedeltà alle istituzioni della Repubblica, alla Costituzione e ai suoi valori, nonché di rigoroso rispetto del segreto" (art. 9).

Le classifiche di segretezza non precludono all'autorità giudiziaria la conoscenza dei documenti classificati (i quali vengono consegnati al giudice che li ha richiesti), a differenza del segreto di Stato, invece opponibile all'autorità giudiziaria (art. 42).

Sui documenti sottoposti a classifiche è intervenuto il d.P.C.M. 6 novembre 2015, n. 5 (successivamente modificato) che dispone non solo sulle informazioni classificate, ma anche: da una parte, sulle informazioni coperte da segreto di Stato; dall'altra parte, sulle cosiddette informazioni a diffusione esclusiva cioè quelle la cui conoscibilità è limitata all'ambito nazionale.

Negli ultimi anni si sono registrati casi di declassifica disposta con direttive del Presidente del Consiglio al fine di rendere conoscibili gli atti che erano stati classificati:

– la direttiva del 22 aprile 2014 ha declassificato la documentazione su alcune vicende gravi tra cui gli eventi di Piazza Fontana a Milano (1969), di piazza della Loggia a Brescia (1974) e della stazione di Bologna (1980);

– la direttiva del 2 agosto 2021 ha declassificato la documentazione sull'organizzazione Gladio e quella sulla Loggia P2.

Riguardo al **segreto di Stato**, la legge n. 124/2007 anzitutto ne fornisce una *definizione*: esso è il vincolo giuridico che vieta di rendere conoscibili atti, documenti, informazioni, attività, cose e luoghi la cui conoscenza generalizzata, ossia all'infuori degli organi autorizzati (che vengono a conoscerli in quanto chiamati a svolgere funzioni essenziali), risulti "idonea a recare danno all'integrità della Repubblica, anche in relazione ad accordi internazionali, alla difesa delle istituzioni poste dalla Costituzione a suo fondamento, all'indipendenza dello Stato rispetto ad altri Stati e alle relazioni con essi, alla preparazione e alla difesa militare dello Stato" (art. 39). Tuttavia non possono essere coperti dal segreto di Stato notizie, documenti o cose relativi a fatti di terrorismo o eversivi dell'ordine costituzionale o a fatti configuranti i delitti previsti dagli artt. 285, 416-bis e -ter e 422 Cod. pen.:

– art. 285: Commissione, allo scopo di attentare alla sicurezza dello Stato, di un fatto diretto a portare devastazione, saccheggio o strage nel territorio dello Stato o in una parte di esso;

– art. 416-bis: Partecipazione ad associazione di stampo mafioso;

– art. 416-ter: Scambio elettorale politico mafioso;

– art. 422: Compimento, al fine di uccidere, di atti tali da porre in pericolo la pubblica incolumità.

Inoltre la legge n. 124/2007 attribuisce al Presidente del Consiglio dei ministri la disciplina, con regolamento, dei criteri per individuare atti, documenti, informazioni, attività, cose e luoghi suscettibili di essere oggetto del segreto di Stato (art. 39).

In attuazione di tale articolo è stato adottato il d.P.C.M. 8 aprile 2008, il quale precisa che il segreto di Stato è "finalizzato alla salvaguardia dei supremi ed imprescindibili interessi dello Stato ... che attengono all'esistenza stessa della Repubblica democratica" e comprende un allegato elencante numerosi oggetti secretabili.

La legge n. 124/2007 prevede la *competenza* esclusiva *del Presidente del Consiglio* dei ministri, con il supporto dell'Ufficio centrale per la segretezza UCSe istituito nell'ambito del DIS (art. 9), riguardo alla apposizione del segreto di Stato e alla conferma dell'opposizione del medesimo segreto.

L'**apposizione** e l'annotazione del segreto di Stato vengono disposte dal Presidente del Consiglio per una durata minima di quindici anni (decorso tale termine, chi vi abbia interesse può chiedere l'accesso agli atti secretati) e massima di trenta anni; ma, indipendentemente dal decorso dei termini suddetti, il Presidente del Consiglio dispone la cessazione del vincolo di segretezza se sono venute meno le esigenze che avevano determinato l'apposizione di esso (art. 39).

Qualora debbano essere acquisiti documenti per i quali il responsabile dell'ufficio che li detiene eccepisca il segreto di Stato, il documento è sigillato in apposito contenitore e trasmesso prontamente al Presidente del Consiglio dei ministri, che autorizza l'acquisizione del documento oppure conferma il segreto di Stato entro trenta giorni dalla trasmissione; se il Presidente del Consiglio non si pronuncia entro tale termine, l'acquisizione viene effettuata (art. 16, che introduce nel Codice di procedura penale l'art. 256-ter).

La **opposizione** del segreto di Stato può essere effettuata in due ipotesi, cioè si esplica nel divieto di deporre su fatti coperti da tale segreto e nel divieto di riferire su fatti coperti dal medesimo (artt. 40 e 41).

– Ai pubblici ufficiali, ai pubblici impiegati e agli incaricati di pubblico servizio è fatto *divieto di deporre su fatti coperti dal segreto di Stato*.

Se durante un processo il testimone oppone il segreto di Stato, l'autorità giudiziaria informa il Presidente del Consiglio dei ministri; se questo conferma l'opposizione del segreto e se la conoscenza della notizia coperta dal segreto risulta essenziale per la conclusione del processo, il giudice dichiara il non doversi procedere a causa dell'esistenza del segreto di Stato; invece se il Presidente del Consiglio entro trenta giorni dalla notificazione della richiesta non conferma l'opposizione del segreto, l'autorità giudiziaria acquisisce la notizia e dà ulteriore corso al processo.

Nell'ipotesi che venga confermata l'opposizione del segreto di Stato, l'autorità giudiziaria può sollevare conflitto di attribuzioni contro il Presidente del Consiglio dinanzi alla Corte costituzionale, a cui il segreto di Stato non è opponibile:

– se la Corte nega la sussistenza del segreto di Stato, il Presidente del Consiglio non può più opporlo in riferimento allo stesso oggetto;

– se la Corte afferma la sussistenza del segreto di Stato, l'autorità giudiziaria non può acquisire o utilizzare documenti sui quali esso è stato opposto.

In ogni caso di conferma dell'opposizione del segreto di Stato (cioè che venga sollevato o meno il suddetto conflitto di attribuzioni), il Presidente del Consiglio dà comunicazione al COPASIR e, su richiesta del presidente di quest'ultimo, espone, in una seduta segreta appositamente convocata, gli elementi idonei a permettere l'esame nel merito della conferma dell'opposizione del segreto di Stato; il COPASIR, se ritiene tale opposizione infondata, ne riferisce a ciascuna Camera per le conseguenti valutazioni politiche (art. 40, che sostituisce l'art. 202 del Codice di procedura penale).

– Ai pubblici ufficiali, ai pubblici impiegati e agli incaricati di pubblico servizio inoltre è fatto *divieto di riferire su fatti coperti dal segreto di Stato*.

L'autorità giudiziaria, se ritiene essenziale per la conclusione del processo la conoscenza di una notizia coperta dal segreto di Stato, chiede conferma dell'esistenza del segreto al Presidente del Consiglio dei ministri: se il segreto è confermato dal Presidente del Consiglio con atto motivato, il giudice dichiara il non doversi procedere a causa dell'esistenza del segreto di Stato; se invece il segreto non è confermato entro trenta giorni dalla notificazione della richiesta, l'autorità giudiziaria acquisisce la notizia e dà ulteriore corso al processo.

Riguardo alla conferma di opposizione del segreto di Stato, sussistono anche in questo caso, come in quello illustrato poco sopra, la facoltà di sollevare un conflitto di attribuzioni davanti alla Corte costituzionale e l'obbligo del Presidente del Consiglio di dar comunicazione al COPASIR (art. 41).

L'opposizione del segreto di Stato può essere effettuata non solo nei confronti dell'autorità giudiziaria, ma anche nei confronti delle commissioni parlamentari d'inchiesta: ciò non è previsto dalla legge n. 124/2007, ma si evince dall'art. 82 Cost. il quale stabilisce che la "commissione d'inchiesta procede alla indagini ... con gli stessi poteri e le stesse limitazioni dell'autorità giudiziaria".

4. La Corte costituzionale "giudice del segreto"

La competenza della Corte costituzionale di giudicare riguardo alla sussistenza, o meno, del segreto di Stato costituisce una delle principali innovazioni introdotte dalla legge n. 124/2007 rispetto alla legge n. 801/1977: la Corte costituzionale viene definita "giudice del segreto".

Riguardo al segreto di Stato la Corte costituzionale si è pronunciata più volte, già decenni fa nella sent. n. 82/1976 e soprattutto nella sent. n. 86/1977 ove essa:

– afferma che la segretezza può essere giustificata solo se volta a garantire un interesse costituzionale, la sicurezza dello Stato, preminente rispetto agli altri principi costituzionali coinvolti nel bilanciamento;

– precisa il concetto di sicurezza come interesse dello Stato alla sua integrità territoriale, indipendenza e alla sua stessa sopravvivenza e ravvisa il fondamento del segreto di Stato in alcuni articoli della Costituzione: artt. 1 (democraticità della Repubblica), 5 (indivisibilità della Repubblica), 52 e 87 (richiamanti la difesa, che è uno strumento per garantire la sicurezza);

– enuclea i limiti al segreto di Stato, non opponibile per proteggere interessi della maggioranza di governo o coprire fatti eversivi dell'ordinamento costituzionale.

La Corte si è pronunciata sul segreto di Stato anche in sentenze successive, come la sent. n. 110/1998 in cui ha ribadito il divieto per l'autorità giudiziaria di utilizzare direttamente e indirettamente i documenti coperti da segreto, e altresì in decisioni posteriori alla legge n. 124/2007 come le sentenze n. 106/2009 e n. 40/2012, ove sottolinea che il rifiuto di esibire documenti segreti deve essere accompagnato da idonea motivazione, nei confronti sia delle Assemblee parlamentari (per consentire lo svolgimento della loro funzione di controllo politico sul Governo) sia dell'autorità giudiziaria (per giustificare la mancata esibizione dei documenti) ed evidenzia che la tutela della sicurezza può comportare una compressione del diritto di difesa.

Di notevole interesse è la sentenza della Corte costituzionale n. 24/2014 conclusiva dell'annosa vicenda di Abu Omar, imam egiziano che, accusato di terrorismo internazionale, era stato sequestrato a Milano da esponenti della CIA (*Central Intelligence Agency*) statunitense con la collaborazione di membri dei servizi segreti italiani, e rimpatriato (c.d. *extraordinary rendition* o consegna straordinaria) in Egitto, ove fu arrestato e torturato.

La sentenza della Corte costituzionale è stata emessa nel giudizio sul conflitto di attribuzioni sollevato dal Presidente del Consiglio contro la Corte di Cassazione e la Corte d'Appello di Milano riguardo alle pronunce adottate da tali giudici rispettivamente nel 2012 e nel 2013 durante i procedimenti penali a carico di alcuni appartenenti ai servizi segreti in ordine al suddetto sequestro di Abu Omar, vicenda su cui il Presidente del Consiglio aveva apposto il segreto di Stato. La Corte costituzionale ha accolto il ricorso, riconoscendo lese le attribuzioni del Presidente del Consiglio e annullando, nelle parti da essa indicate, le suddette pronunce; sulla scorta della sua pregressa giurisprudenza, la Corte costituzionale ribadisce che il supremo interesse della sicurezza dello Stato affiora dall'art. 52 Cost. in collegamento con gli artt. 1 e 5 Cost. e che la tutela della sicurezza nazionale, a cui è preordinato il segreto di Stato, risulta preminente rispetto alle esigenze dell'accertamento giurisdizionale: l'apposizione del segreto di Stato è una "attribuzione di rango costituzionale … in quanto afferente la tutela della *salus rei publicae*" e dunque in questo ambito il Presidente del Consiglio "gode di un ampio potere discrezionale, sul cui esercizio è escluso qualsiasi sindacato dei giudici comuni, poiché il giudizio sui mezzi idonei a garantire la sicurezza dello Stato ha natura politica".

Sul caso si è poi espressa la Corte europea dei diritti dell'uomo, sez. IV, con sentenza 23 febbraio 2016 che ha accolto il ricorso di Abu Omar contro l'Italia sulla illiceità delle *extraordinary renditions*, per contrasto in particolare con gli artt. 3 (proibizione della tortura) e 5 (diritto alla libertà) della Convenzione europea dei diritti dell'uomo.

Riferimenti bibliografici

ARCONZO G.-PELLIZZONE I., *Il segreto di Stato nella giurisprudenza della Corte costituzionale e della Corte europea dei diritti dell'uomo*, in www.rivistaaic.it, n. 1/2012.

CARAMASCHI O., *La sicurezza della Repubblica alla prova delle regole legislative e della prassi parlamentare: il caso del COPASIR*, in www.consultaonline.it, 2021, p. 431 ss.

GIUPPONI T.F., *Il segreto di Stato ancora davanti alla Corte (ovvero del bilanciamento impossibile)*, in www.forumcostituzionale.it, 2014.

PACE A., *Le due Corti e il caso Abu Omar*, in www.consultaonline.it, 2014.

Capitolo IV
LA SICUREZZA PRIMARIA

Sommario: 1. La nozione di sicurezza primaria. – 2. L'attività di repressione e soprattutto di prevenzione dei reati: le misure preventive di sicurezza. – 3. Altri interventi finalizzati a garantire la sicurezza primaria. – 4. L'uso di strumenti tecnologici al fine di tutelare la sicurezza pubblica. – Riferimenti bibliografici.

1. La nozione di sicurezza primaria

Dopo aver illustrato la sicurezza della Repubblica, si sposta l'attenzione alla sicurezza di coloro che vi abitano: di essa possono enuclearsi varie accezioni, a seconda dell'oggetto – ad esempio sicurezza informatica, sanitaria – o del luogo – ad esempio sicurezza urbana (nelle città), sportiva (nelle strutture ove si svolgono gare) –; prioritariamente però occorre considerare la sicurezza nel suo significato più ampio, come coesistenza tranquilla degli individui all'interno dell'ordinamento statale.

Si parla – in contrapposizione alla sicurezza secondaria: ved. Cap. seguente – di sicurezza "primaria" (secondo la terminologia coniata dalla Corte costituzionale sent. n. 285/2019: Cap. I, par. 3) per indicare la tutela di beni fondamentali come l'integrità delle persone, che è compito appunto "primario" dello Stato mediante l'attività di prevenzione e repressione dei reati: al concetto di "sicurezza pubblica" viene accostato quello di "ordine pubblico" inteso in senso materiale, come ordinata e pacifica convivenza, cioè privo di connotazioni ideologiche (Cap. I, par. 2); la sicurezza primaria è quindi strettamente connessa alla tutela dell'ordine pubblico.

La disciplina della sicurezza intesa in questo senso è contenuta nella legislazione statale: la competenza legislativa esclusiva dello Stato era implicita nel testo originario della Costituzione, mentre è esplicitata dall'art. 117, comma 2, lett. h), Cost. come modificato dalla legge cost. n. 3/2001 che, tra le materie attribuite solo al legislatore statale, menziona la materia "ordine pubblico e sicurezza" (in tale formula coesistono i due concetti richiamati più sopra).

Riguardo alla legislazione sulla materia suddetta occorre anzitutto citare un testo anteriore alla Costituzione repubblicana, il r.d. n. 773/1931 approvante il Testo unico delle leggi di pubblica sicurezza (TULPS), tuttora vigente sia pur con modifiche: in particolare, l'art. 1 di esso attribuisce all'autorità di pubblica sicurezza il compito di provvedere "al mantenimento dell'ordine pubblico, alla sicurezza dei cittadini, alla loro incolumità e alla tutela della proprietà".

Successivamente all'entrata in vigore della Costituzione sono state approvate numerose leggi che in varia misura riguardano la sicurezza pubblica; oltre a quelle più recenti che saranno menzionate nei successivi paragrafi, merita citare fra quelle più risalenti:

– la legge n. 895/1967 "Disposizioni per il controllo delle armi", in particolare l'art. 6 che punisce chi "al fine di incutere pubblico timore o di suscitare tumulto o pubblico disordine o di attentare alla sicurezza pubblica" fa esplodere colpi di armi da fuoco o scoppiare bombe o altri ordigni;

– la legge n. 152/1975 "Disposizioni a tutela dell'ordine pubblico", in particolare l'art. 5 il quale prevede il divieto di usare in luogo pubblico o aperto al pubblico, salvo giustificato motivo, caschi protettivi o qualsiasi altro mezzo che renda difficoltoso il riconoscimento della persona (sull'art. 5-bis introdotto in tale legge nel 2019: v. *infra*, par. 3).

2. L'attività di repressione e soprattutto di prevenzione dei reati: le misure preventive di sicurezza

Anzitutto la sicurezza primaria è garantita dalla duplice attività di repressione dei reati e – soprattutto – di prevenzione dei medesimi.

La repressione di un reato è svolta attraverso l'irrogazione di una pena a chi lo ha commesso: i reati e le pene sono legislativamente previsti, in ossequio alla riserva di legge sancita dall'art. 25, comma 2, Cost. (*nullum crimen, nulla poena sine lege*), le pene vengono comminate all'autore del reato dal giudice penale, a conclusione di un processo da svolgersi con le garanzie stabilite dall'art. 111, in part. commi 3, 4 e 5, Cost.

Riguardo alla cospicua legislazione penale merita citare, fra le leggi meno recenti, in particolare la legge n. 497/1974 volta a contrastare la criminalità e la legge n. 646/1982 mirante a combattere la mafia, poi ripetutamente modificate; negli ultimi anni, disposizioni in materia penale (introduzione di nuove ipotesi di reato e inasprimento delle pene già previste) sono state inserite in molti degli atti legislativi che si citeranno nel paragrafo seguente.

La prevenzione dei reati, su cui ci si sofferma in questo paragrafo, è svolta attraverso l'adozione delle c.d. misure preventive di sicurezza nei casi previsti dalla legge, in virtù della riserva di legge contenuta nell'art. 25, comma 3, della Costituzione (v. Cap. I, par. 1).

Dopo l'entrata in vigore della Costituzione erano rimaste alcune misure di sicurezza previste dal r.d. n. 773/1931, disposte dall'autorità di pubblica sicurezza: l'ammonizione, il domicilio coatto (confino di polizia) e il rimpatrio con foglio di via obbligatorio, a carico di persone ritenute pericolose per la società anche se non colpite da una condanna penale. La disciplina dell'ammonizione e quella della esecuzione coattiva dell'ordine di rimpatrio sono state dichiarate dalla Corte costituzionale in contrasto con la riserva di giurisdizione di cui all'art. 13 Cost. (rispettivamente sentenze nn. 11/1956 e 2/1956).

Subito dopo tali sentenze è intervenuto il legislatore con la legge n. 1423/1956, affidando: al questore, le misure della diffida a cambiare condotta e del rimpatrio con foglio di via obbligatorio; al tribunale, la misura della sorveglianza speciale con facoltà di aggiungere il divieto di soggiorno in uno o più Comuni. La legge prevedeva l'applicabilità di tali misure a carico di cinque categorie di individui: oziosi e vagabondi; dediti abitualmente a traffici illeciti; proclivi a delinquere e mantenentisi con il provento di delitti; dediti alo sfruttamento della prostituzione, alla corruzione di minori, al contrabbando o al traffico di droga; svolgenti abitualmente altre attività contrarie alla morale pubblica e al buon costume; le suddette misure sono state estese, da leggi successive, agli indiziati di appartenere ad associazioni di stampo mafioso e ai soggetti indiziati di compimento di attività vietate come quelle terroristiche o eversive. La Corte costituzionale ha ritenuto l'applicabilità di tali misure ai soggetti "proclivi a delinquere" come contrastante con il principio di legalità di cui agli artt. 13 e 25 Cost., a causa della elevata indeterminatezza di tale formula normativa (sent. n. 177/1980).

Successivamente la legge n. 327/1988 ha ridisciplinato le misure di sicurezza: ha soppresso la possibilità per il tribunale di ordinare l'obbligo di soggiorno in un Comune diverso da quello di residenza; ha eliminato dal novero dei destinatari delle misure i vagabondi e oziosi; ha precisato che la riconduzione di un soggetto alle categorie legislativamente descritte dovesse effettuarsi sulla base di elementi di fatto, non di semplici sospetti.

Le misure di sicurezza sono attualmente disciplinate dal d.lgs. n. 159/2011 "Codice delle leggi antimafia e delle misure di prevenzione ..." (e successive modificazioni), che le denomina misure di prevenzione personali e le distingue in due categorie, a seconda se siano applicate dal questore o dall'autorità giudiziaria.

A) Le **misure** di prevenzione personali **disposte dal questore** si applicano agli individui riguardo a cui si ritiene, "sulla base di elementi di fatto", che:

– siano abitualmente dediti a traffici delittuosi;

– vivano abitualmente anche in parte con i proventi di attività delittuose;

– siano dediti alla commissione di reati volti ad offendere o mettere in pericolo l'integrità fisica o morale dei minorenni, la sanità, la sicurezza o la tranquillità pubblica: per questa terza categoria di individui è stata successivamente inserita la previsione secondo cui, tra gli elementi di fatto da tener presenti, sono comprese le reiterate violazioni del foglio di via obbligatorio e dei divieti di frequentazione di determinati luoghi previsti dalla normativa vigente (art. 1).

Le suddette misure di prevenzione sono due: il foglio di via obbligatorio e l'avviso orale.

Il **foglio di via obbligatorio** è il provvedimento motivato con cui il questore rimanda nei luoghi di residenza le persone menzionate nell'art. 1 qualora siano pericolose per la sicurezza pubblica e si trovino fuori da essi ed inibisce loro di ritornare, senza previa autorizzazione ovvero per un periodo non superiore a tre anni, nel Comune dal quale esse sono allontanate (art. 2).

L'**avviso orale** è il provvedimento con cui il questore nella cui provincia dimorano le persone menzionate nell'art. 1 comunica verbalmente ad esse che sussistono indizi a loro carico, motivandone l'esistenza, e le invita a tenere una condotta conforme alla legge (art. 3, comma 2).

La persona cui è stato fatto l'avviso orale può in qualsiasi momento chiederne la revoca al questore, che provvede nei successivi sessanta giorni: qualora egli non provveda entro questo termine, la richiesta s'intende accolta (caso di silenzio-accoglimento); qualora respinga la richiesta, è ammesso ricorso gerarchico al prefetto entro sessanta giorni dalla comunicazione del provvedimento di rigetto (art. 3, comma 3). Il questore può imporre il divieto di possedere o utilizzare gli oggetti pericolosi ivi indicati (tra cui armi e sostanze infiammabili) alle persone destinatarie dell'avviso orale ed altresì a quelle sottoposte alla sorveglianza speciale (v. *infra* sub B), che risultino poi condannate in via definitiva per delitti non colposi: tale divieto è opponibile davanti al tribunale in composizione monocratica (art. 3, commi 4-6).

B) Le **misure** di prevenzione personali **disposte dall'autorità giudiziaria** si applicano a carico dei soggetti seguenti:

– indiziati di appartenere alle associazioni previste dall'art. 416-bis Cod. pen.;

– indiziati di aver commesso uno dei numerosi reati richiamati dallo stesso articolo;

– soggetti cui sono applicabili le misure di prevenzione personali previste dall'art. 1 cioè quelle di competenza del questore (ma la Corte costituzionale con sent. n. 24/2019 ha dichiarato l'incostituzionalità della previsione in base alla quale le misure disposte dall'autorità giudiziaria si applichino ai soggetti indicati nella prima delle tre categorie menzionate nell'art. 1 cioè ai soggetti che si ritiene siano abitualmente dediti a traffici delittuosi);

– soggetti che pongono in essere atti volti a sovvertire l'ordinamento dello Stato o alla commissione di reati con finalità di terrorismo anche internazionale;

– individui che abbiano fatto parte di associazioni politiche disciolte ai sensi della legge n. 645/1952 e quelli che compiano atti volti alla ricostituzione del partito fascista;

– condannati per gli specifici reati previsti dalle leggi nn. 895/1967 e 497/1974;

– istigatori, mandanti e finanziatori di tutti i reati summenzionati;

– indiziati di aver agevolato chi abbia preso parte attiva alle manifestazioni di violenza previste dalla legge n. 401/1989 nonché quanti debbano ritenersi dediti alla commissione di reati che mettono in pericolo l'ordine e la sicurezza pubblica ovvero l'incolumità delle persone durante lo svolgimento di manifestazioni sportive (art. 4: sulla sicurezza nelle manifestazioni sportive v. *infra*, Cap. VI).

Tali misure sono (artt. 5 ss.) la sorveglianza speciale di pubblica sicurezza e l'obbligo di soggiorno nel Comune di residenza o di dimora abituale: esse vengono disposte dal tribunale, con decreto motivato (a seguito del procedimento disciplinato nell'art. 7), per una durata non inferiore ad un anno né superiore a cinque; il provvedimento del tribunale contiene le prescrizioni che devono essere osservate dalla persona sottoposta alla misura di prevenzione (art. 8).

La **sorveglianza speciale di pubblica sicurezza** è una misura che da un lato indirizza e dall'altro limita la condotta del destinatario. In particolare se trattasi di persona indiziata di vivere con il provento di reati, il giudice le prescrive di cercare un lavoro, fissare la propria dimora comunicandola all'autorità di pubblica sicurezza e non allontanarsene senza preventivo avviso a quest'ultima. In generale, il giudice prescrive al destinatario della misura di: vivere onestamente e rispettare le leggi; non allontanarsi dalla dimora senza previo avviso all'autorità locale di pubblica sicurezza; non rincasare la sera dopo, e non uscire la mattina prima di, una data ora senza comprovata necessità e senza averne dato notizia alla suddetta autorità; non detenere né portare armi; non partecipare a pubbliche riunioni; non associarsi alle persone che hanno subito condanne e sono sottoposte a misure di prevenzione o di sicurezza; non accedere agli esercizi pubblici e ai locali di pubblico trattenimento.

Il tribunale può imporre altre prescrizioni che ravvisi necessarie per le esigenze di difesa sociale, in particolare il divieto di soggiorno in uno o più Comuni e in una o più Regioni (art. 8, commi 3, 4 e 5).

L'**obbligo di soggiorno nel Comune di residenza o di dimora abituale** è la misura consistente nel prescrivere che il destinatario deve abitare nel Comune dove risiede o dimora abitualmente: inoltre il giudice può prescrivere al destinatario di non allontanarsi dall'abitazione scelta senza previo avviso all'autorità di pubblica sicurezza preposta alla sorveglianza e di presentarsi a tale autorità nei giorni indicati e ad ogni chiamata di essa; la persona sottoposta alla misura dell'obbligo di soggiorno riceve una carta di permanenza da portare con sé ed esibire ad ogni richiesta degli ufficiali ed agenti di pubblica sicurezza (art. 8, comma 6).

Le persone sottoposte all'obbligo di soggiorno possono essere autorizzate dal tribunale ad allontanarsi, per non più di dieci giorni, dal luogo di soggiorno coatto qualora ricorrano gravi e comprovati motivi di salute o di famiglia (art. 12).

L'attuale disciplina delle misure di sicurezza è apprezzabile perché demanda all'autorità giurisdizionale l'adozione, con un procedimento articolato, di quelle che hanno un maggior impatto sui destinatari: dunque, rispetto alle leggi anteriori sul tema, il d.lgs. n. 159/2011 contiene una disciplina più garantista sulle suddette misure anche alla luce dei criteri elaborati dalla giurisprudenza costituzionale, tra cui la necessità che la valutazione della pericolosità dei destinatari di esse venga effettuata sulla base di elementi il più possibile oggettivi (Cap. I, par. 1).

3. Altri interventi finalizzati a garantire la sicurezza primaria

Oltre che dall'attività di prevenzione e repressione dei reati, la sicurezza primaria è tutelata anche da altri interventi delle autorità volti a prevenire problemi per l'ordinata convivenza civile.

Alcuni di questi interventi erano stati previsti da atti legislativi di parecchi anni fa, come la legge n. 128/2001 disciplinante vari interventi in materia di tutela della sicurezza dei cittadini: in particolare l'art. 17 di essa stabilisce che il Ministro dell'interno impartisce direttive per realizzare, a livello provinciale e nei maggiori centri urbani, dei piani coordinati di controllo del territorio, la cui attuazione è affidata agli uffici della Polizia di Stato e ai comandi dell'Arma dei carabinieri; inoltre il suddetto articolo sancisce che devono essere istituiti presidi mobili e servizi di pronto intervento per la sicurezza dei cittadini.

Altri interventi sono previsti da tre decreti-legge, convertiti in leggi, adottati nel triennio 2018-2020 c.d. "**decreti sicurezza**" (che contengono anche disposizioni sulla cosiddetta sicurezza secondaria e sulla sicurezza sportiva, che esamineremo nei due capitoli seguenti).

Il primo dei suddetti decreti è il d.-l. **n. 113/2018**, convertito in legge n. 132/2018, "Disposizioni urgenti in materia di … sicurezza pubblica …" c.d. primo decreto Salvini (questo decreto-legge e quelli citati di seguito sono comunemente designati con il cognome del Ministro dell'interno in carica all'epoca dell'adozione di essi).

Si tratta di un decreto *omnibus*, cioè contenente disposizioni su temi svariati (protezione internazionale, immigrazione …), che è stato oggetto di emanazione con rilievi da parte del Presidente della Repubblica.

Con riferimento al tema trattato in questo Capitolo rilevano le disposizioni in materia di sicurezza pubblica, prevenzione e contrasto al terrorismo e alla criminalità mafiosa (titolo II, capo I: artt. 16 ss.).

Alcune disposizioni non menzionano la sicurezza pubblica, ma tendono a tutelarla in diverse modalità, ad esempio:

– il disposto che prevede la facoltà dei Comuni capoluogo di Provincia o con più di centomila abitanti di dotare, a titolo di sperimentazione, la polizia locale di armi comuni ad impulso elettrico (art. 19);
– la disposizione che introduce il delitto di esercizio molesto dell'accattonaggio cioè svolto con modalità vessatorie o simulando deformità o malattie o attraverso il ricorso a mezzi fraudolenti per destare l'altrui pietà (art. 21-quater).

Altre previsioni invece menzionano la sicurezza pubblica:

– l'art. 21-bis, il quale "ai fini di una più efficace prevenzione di atti illegali o di situazioni di pericolo per l'ordine e la sicurezza pubblica all'interno o nelle immediate vicinanze degli esercizi pubblici" stabilisce che con appositi accordi tra il prefetto e le organizzazioni maggiormente rappresentative degli esercenti possono essere individuate specifiche misure di prevenzione basate sulla cooperazione tra i gestori degli esercizi e le forze di polizia e che i suddetti accordi sono adottati nel rispetto di linee guida nazionali approvate su proposta del Ministro dell'interno sentita la Conferenza Stato-città e autonomie locali:

tale disposto è stato dichiarato costituzionalmente illegittimo dalla Corte costituzionale con sent. n. 195/2019 nella parte in cui prevede che sia sentita la Conferenza Stato-città e autonomie locali anziché la Conferenza unificata Stato-Regioni-città e autonomie locali: anche se la materia "ordine e sicurezza pubblica" è di legislazione esclusiva statale, il disposto impugnato può avere una ricaduta sulla disciplina del commercio, materia di competenza legislativa regionale residuale, per cui è necessario un coinvolgimento delle Regioni tanto più che l'art. 118, comma 3, Cost. prevede un coordinamento fra Stato e Regioni nella materia "ordine e sicurezza pubblica";

– l'art. 35-sexies il quale, allo scopo di agevolare il controllo del territorio "per finalità di pubblica sicurezza, con particolare riferimento al contrasto del terrorismo e alla prevenzione dei reati di criminalità organizzata e ambientale", dispone che è consentito l'utilizzo, da parte delle Forze di polizia, di aeromobili a pilotaggio remoto (c.d. droni) secondo modalità definite con decreto del Ministro dell'interno: su tali apparecchi si rinvia all'ultimo paragrafo.

Il secondo dei decreti sicurezza è il d.-l. **n. 53/2019**, convertito in legge n. 77/2019, "Disposizioni urgenti in materia di ordine e sicurezza pubblica" c.d. secondo decreto Salvini o decreto Salvini-bis, interamente dedicato alla materia in esame: nel prosieguo si menzioneranno disposizioni contenute nei capi I e II, mentre quelle del capo III saranno menzionate nel Capitolo seguente sulla sicurezza sportiva.

Tale atto legislativo contiene disposti che richiamano la sicurezza pubblica, pur senza menzionarla, ad esempio:

– il disposto modificante la disciplina degli obblighi di comunicazione dei dati delle persone alloggiate negli alberghi e nelle altre strutture recettive (art. 5 recante modifiche all'art. 109 TULPS);
– la previsione che punisce chi, nel corso di manifestazioni in luogo pubblico o aperto al pubblico, lancia o usa oggetti – come razzi, petardi, strumenti che emettono fumi – suscettibili di creare un concreto pericolo per l'in-

columità delle persone (art. 6 che inserisce nella legge n. 152/1975 l'art. 5-bis contenente tale previsione; inoltre l'art. 6 del decreto-legge in esame inasprisce le pene per chi non rispetta il divieto di usare caschi sancito dall'art. 5 della medesima legge).

Il d.-l. n. 53/2019 contiene anche disposizioni che menzionano la sicurezza pubblica, come le seguenti:

– art. 1 "Misure a tutela dell'ordine e della sicurezza pubblica …", che inserisce nell'art. 11 d.lgs. n. 286/1998 (testo unico in tema di immigrazione) il comma 1-ter in base a cui il Ministero dell'interno, in qualità di autorità nazionale di pubblica sicurezza, può limitare o vietare l'ingresso, il transito o la sosta di navi nel mare territoriale, salvo che si tratti di naviglio militare o di navi in servizio governativo non commerciale, "per motivi di ordine e sicurezza pubblica";
– artt. 8 ss. che prevedono misure (tra cui l'assunzione di personale) volte a potenziare l'efficacia dell'azione amministrativa a supporto delle "politiche di sicurezza".

La previsione di tali misure suffraga la tesi secondo cui anche i diritti civili (non solo quelli sociali come la salute e l'istruzione) sono diritti "che costano" in quanto, per garantirne il godimento, è necessario l'impiego di cospicue risorse umane e finanziarie.

Il terzo dei tre decreti-legge sicurezza è il d.-l. **n. 130/2020**, convertito in legge n. 173/2020, recante "Disposizioni urgenti …" su varie materie, fra cui non è menzionata la sicurezza pubblica, c.d. decreto Lamorgese.

Si tratta di un decreto *omnibus*, come il d.-l. n. 113/2018, cioè contenente disposizioni su tematiche disparate.

Esso contiene alcuni disposti che citano la sicurezza pubblica:

– art. 1 il quale introduce nel d.lgs. n. 286/1998 l'art. 38-bis, che contiene varie disposizioni fra cui quella in base alla quale "per motivi di ordine e sicurezza pubblica" il Ministro dell'interno può limitare o vietare il transito e la sosta di navi nel mare territoriale, salvo nell'ipotesi di operazioni di soccorso, e viene prevista una multa da diecimila a cinquantamila euro nei casi di inosservanza del limite o del divieto di navigazione suddetti;

– l'art. 6 che inserisce nell'art. 14 d.lgs. n. 286/1998 il comma 7-bis, in base a cui nei casi di delitti per i quali è previsto l'arresto in flagranza (obbligatorio o facoltativo) commessi nei centri di permanenza per i rimpatri, quando non è possibile procedere immediatamente all'arresto per "ragioni di sicurezza o incolumità pubblica", si considera in flagranza di reato chi risulta essere autore del fatto anche sulla base di documentazione video o fotografica e l'arresto è consentito entro quarantotto ore dal fatto: c.d. arresto in flagranza differito.

Infine occorre rammentare che alcune disposizioni dei tre decreti-legge esaminati le quali citano la sicurezza pubblica (artt. 21, 21-ter, 35-ter, 35-quater e 35-quinquies d.-l. n. 113/2018; art. 13 d.-l. n. 53/2019; art. 11 d.-l. n. 130/2020) riguardano la sicurezza secondaria o la sicurezza sportiva e saranno prese in considerazione nei capitoli seguenti.

4. L'uso di strumenti tecnologici al fine di tutelare la sicurezza pubblica

Nell'ambito della sicurezza pubblica ed in particolare di quella primaria, hanno assunto sempre maggior rilievo le cosiddette tecnologie di sorveglianza ossia gli strumenti in grado di "fotografare" persone e luoghi, svolgendo così un ruolo strumentale all'attività di repressione dei reati: si tratta degli apparecchi fissi di videosorveglianza, dei droni e delle *bodycam*: riguardo ad essi si profila un contrasto fra lo scopo di tutelare la sicurezza pubblica e l'impatto sulla riservatezza delle persone riprese dagli strumenti di videosorveglianza.

Gli **apparecchi fissi di videosorveglianza** sono usati da molti anni in edifici sia pubblici che privati, ma l'uso di essi deve rispettare alcune regole come l'obbligo di esporre un cartello segnalante che una determinata area è "sottoposta a videosorveglianza per ragioni di sicurezza", redatto secondo le modalità indicate dal Garante per la protezione dei dati personali nel provvedimento in materia di videosorveglianza dell'8 aprile 2010.

In particolare riguardo ai Comuni può ricordarsi che già l'art. 6 d.-l. n. 11/2009 "Misure urgenti in materia di sicurezza pubblica ...", convertito in legge n. 38/2009 ha previsto la facoltà del Comune, per la tutela della sicurezza urbana – su cui si veda il Capitolo seguente –, di utilizzare sistemi di videosorveglianza in luoghi pubblici o aperti al pubblico (comma 7), aggiungendo però che la conservazione di dati, informazioni e immagini raccolti mediante i sistemi suddetti è limitata a sette giorni successivi alla rilevazione, eccetto particolari esigenze di ulteriore conservazione (comma 8).

In anni più vicini sono intervenuti: l'art. 5 d.-l. n. 14/2017 che prevede, tra i mezzi di prevenzione e contrasto dei fenomeni di criminalità diffusa e predatoria, l'installazione dei sistemi di videosorveglianza (comma 2, lett. a)) e quantifica il finanziamento della spesa relativa a tale installazione per gli anni 2018 e 2019 (comma 2-ter); l'art. 35-quinquies, d.-l. n. 113/2018, convertito in legge n. 132/2018, che rifinanzia la suddetta spesa per gli anni fino al 2022.

I **droni** o – più precisamente – sistemi di aeromobili a pilotaggio remoto (SAPR) sono stati previsti più di recente. L'art. 5, comma 3-sexies, d.-l. n. 7/2015, convertito in legge n. 43/2015 (decreto contenente svariate disposizioni), poi modificato dall'art. 35-sexies d.-l. n. 113/2018 (citato nel paragrafo precedente), ha previsto l'utilizzo, da parte delle forze di polizia, degli aeromobili a pilotaggio remoto comunemente detti droni allo scopo di realizzare il "controllo del territorio per finalità di pubblica sicurezza, con particolare riferimento al contrasto del terrorismo e alla prevenzione dei reati di criminalità organizzata e ambientale", rinviando ad un decreto ministeriale la specifica disciplina delle modalità dell'uso dei droni.

Il decreto del Ministro dell'interno del 29 aprile 2016, adottato di concerto con i Ministri della difesa e delle infrastrutture e trasporti, stabilisce tra l'altro che l'impiego dei SAPR è programmato nei piani coordinati di controllo del territorio trasmessi alle forze di polizia con direttiva del prefetto e che l'impiego dei medesimi nei servizi di ordine pubblico viene disposto dal questore; il decreto contiene anche dettagliate disposizioni sulle caratteristiche e sulla immatricolazione dei SAPR, sulle qualifiche necessarie per pilotarli, sulle procedure operative di volo, nonché di decollo e atterraggio, dei medesimi.

La sicurezza nell'uso dei droni sotto il profilo della *safety* (sicurezza da un punto di vista tecnico, anche al fine del loro ingresso nello spazio aereo) è tutelata dal suddetto decreto ministeriale; invece sotto il profilo della *security* (sicurezza da un punto di vista giuridico, riguardo all'impatto dei droni sulle persone riprese dall'alto) nel medesimo decreto non sono previste specifiche garanzie per la *privacy* degli individui che potrebbero essere controllati da un drone, mentre – come si è detto poc'anzi – la presenza di apparecchi fissi di videosorveglianza in un luogo è obbligatoriamente segnalata a coloro che vi si trovano.

Ancora più recente è la previsione delle **bodycam** cioè delle piccole telecamere, collocate sulla divisa degli operatori di polizia, le quali effettuano riprese audio-video delle situazioni che si presentano davanti ad essi: la *bodycam* fornisce prove utilizzabili in sede giurisdizionale ed altresì circoscrive la responsabilità dell'operatore che l'indossa, mostrando le circostanze nelle quali egli ha agito.

La disciplina delle *bodycam* è contenuta nell'atto (non precisamente qualificato) del 18 gennaio 2022 del Ministero dell'interno, a firma del Capo della polizia-Direttore generale della pubblica sicurezza, recante "Soluzioni tecnologiche per la ripresa di immagini da parte degli operatori dei Reparti Mobili nei servizi di ordine pubblico" con allegate "Linee guida per l'utilizzo delle videocamere indossabili". Tale atto prevede che nelle dotazioni dei Reparti mobili della Polizia e dei Reggimenti dell'Arma dei carabinieri "vanno inserite le *bodycam*" quale mezzo di "documentazione degli accadimenti e ... tutela del personale operante" e precisa le modalità di utilizzazione di esse: l'avvio della registrazione, il salvataggio delle videoriprese in uno spazio di archiviazione dedicato (ove esse saranno conservate per sei mesi) e la loro cancellazione dalle *bodycam*, l'autorizzazione del questore agli ufficiali di pubblica sicurezza al trattamento dei dati ricavati dalle videoriprese; l'atto in esame è stato adottato a seguito del parere, sostanzialmente favorevole, reso dal Garante per la protezione dei dati personali il 22 luglio 2021.

Le *bodycam* presentano un aspetto problematico, perché – a differenza che riguardo ai droni – manca a tutt'oggi la previsione di esse in sede legislativa, mentre ciò sarebbe necessario per uno strumento che ha un notevole impatto sul diritto alla riservatezza degli individui (fra l'altro la *bodycam* può riprendere gli individui molto più da vicino che non il drone).

Invero la necessità della previsione legislativa per introdurre limitazioni della *privacy*, al fine di garantire la sicurezza, si rinviene nell'art. 23 del regolamento UE 2016/679 "Regolamento generale sulla protezione dei dati": il diritto dell'Unione o di uno Stato membro può limitare "mediante misure legislative" la tutela dei dati personali qualora tale limitazione sia "necessaria e proporzionata in una società democratica" per tutelare, fra l'altro, "la sicurezza nazionale … la sicurezza pubblica" e per promuovere "la salvaguardia contro e la prevenzione di minacce alla sicurezza pubblica".

Riferimenti bibliografici

OROFINO M., *Diritto alla protezione dei dati personali e sicurezza: osservazioni critiche su una presunta contrapposizione*, in www.medialaws.eu, n. 2/2018, p. 82 ss.

PADULA C., *Le decisioni della Corte costituzionale del 2019 sul decreto sicurezza*, in www.consultaonline.it, 2019.

Capitolo V

LA SICUREZZA SECONDARIA

Sommario: 1. La nozione di sicurezza secondaria: sicurezza urbana e sicurezza integrata. – 2. I poteri del sindaco in tema di sicurezza urbana, in particolare il potere di ordinanza. – 3. Provvedimenti a tutela della sicurezza secondaria, in particolare le misure dell'ordine di allontanamento e del divieto di accesso. – 4. La disciplina regionale in tema di sicurezza secondaria. – 5. Cenni sulla proposta di legge di riforma delle politiche integrate per la sicurezza. – Riferimenti bibliografici.

1. La nozione di sicurezza secondaria: sicurezza urbana e sicurezza integrata

Si parla – in contrapposizione alla sicurezza primaria, come tutela di beni fondamentali degli individui attraverso l'attività di prevenzione e repressione dei reati, svolta dallo Stato: v. Cap. precedente – di sicurezza "secondaria" (secondo la terminologia coniata dalla Corte costituzionale sent. n. 285/2019: Cap. I, par. 3) per indicare la tutela della tranquilla convivenza degli individui attraverso interventi per promuovere una maggiore coesione sociale e una migliore qualità della vita, realizzati non solo dallo Stato, ma anche dagli enti substatali.

La disciplina della sicurezza secondaria spetta al legislatore statale, posto che l'art. 117, comma 2, lett. h), Cost. attribuisce alla legislazione esclusiva dello Stato la materia "sicurezza" ma, come ha affermato la Corte costituzionale nella sentenza summenzionata, riguardo ad alcuni ambiti connessi alla sicurezza secondaria possono intervenire anche le Regioni nell'esercizio delle loro competenze legislative (concorrente e residuale); inoltre l'art. 118, comma 3, Cost. prevede che la legge statale disciplini "forme di coordinamento tra Stato e Regioni" a livello amministrativo in alcune materie fra cui quella menzionata nell'art. 117, comma 2, lett. h), Cost.

La sicurezza secondaria si esplica come sicurezza integrata, cioè promossa attraverso l'integrazione degli interventi dei livelli istituzionali statale e substatali, nonché, qualora sia riferita specificamente alle aree cittadine, come sicurezza urbana.

Anche se forme di collaborazione fra autorità statali e locali al fine di garantire la sicurezza erano già state previste negli anni '80 (l'art. 15 legge n. 121/1981 ha sancito che le autorità provinciali di pubblica sicurezza sollecitano la collaborazione delle amministrazioni locali; l'art. 3 legge n. 65/1986 ha stabilito che la polizia municipale collabora con le forze di polizia dello Stato; l'art. 12, comma 8, d.-l. n. 152/1991 conv. in legge n. 203/1991 ha previsto la realizzazione, a livello provinciale nell'ambito della potestà di coordinamento attribuita al prefetto, di piani coordinati per il controllo del territorio da attuarsi a cura della Polizia di Stato ai quali possono partecipare, previa richiesta al sindaco, contingenti della polizia municipale), le nozioni di sicurezza urbana e sicurezza integrata hanno cominciato ad affiorare agli inizi degli anni 2000.

Il d.P.C.M. 12 settembre 2000 adottato (in attuazione dell'art. 159 d.lgs. n. 112/1998: v. Cap. I, par. 2) al fine di individuare le risorse da trasferire alle Regioni e agli enti locali per l'esercizio delle funzioni in materia di polizia amministrativa, ha previsto che lo Stato e gli enti territoriali substatali collaborino "al perseguimento di condizioni ottimali di sicurezza delle città e del territorio extraurbano e di tutela dei diritti di sicurezza dei cittadini" (art. 7, comma 1) e che il Ministro dell'interno promuova la collaborazione tra i livelli dei pubblici poteri attraverso protocolli d'intesa e accordi per conseguire il "rafforzamento delle condizioni di sicurezza delle città e del territorio extraurbano" (art. 7, commi 1 e 3); inoltre la legge n. 128/2001 riprende la previsione (contenuta nel d.-l. n. 152/1991 citata più sopra) dei piani coordinati di controllo del territorio, aggiungendo i compiti di istituire presidi mobili di quartiere nei maggiori centri urbani e potenziare, anche attraverso l'uso di idonee tecnologie, i servizi di pronto intervento per la sicurezza dei cittadini (art. 17, comma 1). Sulla base di tali previsioni fino al 2006 sono stati stipulati, fra gli organi statali competenti in materia di pubblica sicurezza e gli enti locali, numerosi strumenti pattizi di varia denominazione, riguardo a cui si è parlato di "prima stagione" dei patti per la sicurezza.

Successivamente la legge n. 296/2006 (legge finanziaria 2007) ha stabilito che riguardo alla sicurezza dei cittadini il Ministero dell'interno e, per sua delega, i prefetti possono stipulare convenzioni con le Regioni e gli enti locali che prevedano la contribuzione logistica, strumentale o finanziaria dei suddetti enti substatali (art. 1, comma 439); dal 2007 sono stati stipulati patti che hanno riguardato non solo l'attività di controllo del territorio, ma anche iniziative volte alla riqualificazione del tessuto urbano e al miglioramento della qualità della vita nei centri urbani: sotto questo profilo si è parlato di "seconda stagione" dei patti per la sicurezza, che hanno configurato una visione plurale di quest'ultima.

Le nozioni di sicurezza urbana e di sicurezza integrata hanno poi assunto maggiore rilevanza nell'ultimo quindicennio.

Il d.-l. n. 92/2008 "Disposizioni urgenti in materia di sicurezza pubblica", convertito in legge n. 125/2008, oltre a contenere disposizioni su vari aspetti (come quelle che hanno modificato alcuni articoli del Codice penale nel senso di inasprire le pene ivi previste), all'art. 6, che ha sostituito l'art. 54 d.lgs. n. 267/2000 (sull'ordinamento degli enti locali), ha introdotto l'espressione sicurezza urbana.

In base al suddetto art. 54 novellato, il sindaco adotta provvedimenti anche contingibili e urgenti al fine di prevenire ed eliminare gravi pericoli minaccianti "l'incolumità pubblica e la sicurezza urbana" (comma 4) ed inoltre "per motivi di sicurezza urbana" può modificare gli orari degli esercizi commerciali e dei servizi pubblici (comma 6); l'articolo in esame demanda ad un decreto del Ministro dell'interno la definizione di sicurezza urbana nonché di incolumità pubblica (comma 4-bis introdotto dalla legge di conversione), mentre sarebbe stato preferibile che tali definizioni fossero fornite direttamente dal legislatore (sul punto ved. la modifica legislativa del 2017: par. seguente).

Sulla base del suddetto disposto legislativo è stato adottato il decreto del Ministro dell'interno 5 agosto 2008, che definisce l'incolumità pubblica come "integrità fisica della popolazione" e la sicurezza urbana come "bene pubblico da tutelare attraverso attività poste a difesa, nell'ambito delle comunità locali, del rispetto delle norme che regolano la vita civile, per migliorare le condizioni di vivibilità dei centri urbani, la convivenza civile e la coesione sociale"; tale decreto prevede l'intervento del sindaco per prevenire e contrastare, fra l'altro, le "situazioni urbane di degrado", le situazioni che "determinano lo scadimento della qualità urbana" e che "alterano il decoro urbano".

Il successivo d.-l. n. 11/2009 "Misure urgenti in materia di sicurezza pubblica ...", convertito in legge n. 38/2009 all'art. 6, comma 7, prevede la facoltà dei Comuni, per la tutela della sicurezza urbana, di utilizzare sistemi di videosorveglianza in luoghi pubblici o aperti al pubblico; il medesimo art. 6 nel testo originario prevedeva anche la facoltà dei sindaci di avvalersi della collaborazione di associazioni di cittadini non armati per segnalare eventi suscettibili di recare danno alla sicurezza urbana e disciplinava tali associazioni (commi 3-6), ma questi disposti, criticati in quanto avrebbero dato vita alle cosiddette "ronde" di cittadini, sono stati soppressi dalla legge di conversione.

La previsione della suddetta collaborazione è stata però ripresa dall'art. 3 legge n. 94/2009 in base a cui: i "sindaci, previa intesa con il prefetto, possono avvalersi della collaborazione di associazioni tra cittadini non armati al fine di segnalare alle Forze di polizia ... eventi che possano arrecare danno alla sicurezza urbana ovvero situazioni di disagio sociale" (comma 40: esso è stato dichiarato costituzionalmente illegittimo dalla Corte costituzionale con sent. n. 226/2010 non riguardo alla sicurezza urbana, ma limitatamente alle ultime cinque parole, poiché il disagio sociale risulta una nozione molto generica e distinta dalla sicurezza); le suddette associazioni sono iscritte in un elenco tenuto dal prefetto e fra esse i sindaci si avvalgono prioritariamente di quelle costituite dagli appartenenti in congedo alle forze dell'ordine (commi 41 e 42); si demanda ad un decreto del Ministro dell'interno la previsione dei criteri per l'iscrizione nell'elenco (comma 43, attuato dal decreto del

Ministro dell'interno dell'8 agosto 2009 che ha stabilito le caratteristiche delle associazioni – tra cui operare gratuitamente e non essere collegate a partiti politici – e dei membri di esse, definiti osservatori volontari).

Negli anni successivi, sulla sicurezza urbana sono state adottate disposizioni isolate, ma significative come l'art. 1, comma 974, legge n. 208/2015 (legge di stabilità 2016) che ha istituito per l'anno 2016 il programma straordinario di intervento per la riqualificazione urbana e la sicurezza delle periferie delle città metropolitane e dei comuni capoluogo di provincia, al fine di realizzare interventi per la rigenerazione delle aree urbane degradate in modo da accrescere la "sicurezza territoriale": il bando relativo alle modalità per presentare i progetti di riqualificazione urbana è stato adottato con d.P.C.M. 25 maggio 2016.

La sicurezza integrata e quella urbana sono state oggetto di un'ampia disciplina nell'ultimo quinquennio da parte di alcuni decreti-legge complessivamente denominati "decreti sicurezza" e singolarmente contraddistinti con i nomi dei Ministri dell'interno in carica al momento dell'adozione di essi, in particolare il d.-l. n. 14/2017 poi modificato dai decreti-legge nn. 113/2018, 53/2019 e 130/2020 (in parte già menzionati nel Capitolo precedente).

Il d.-l. n. 14/2017 "Disposizioni urgenti in materia di sicurezza delle città" convertito in legge n. 48/2017, c.d. decreto Minniti ha ripreso la tematica della sicurezza urbana accostandola a quella della sicurezza integrata e delineando la "collaborazione interistituzionale" (capo I del decreto) finalizzata a promuovere entrambe le forme di sicurezza.

In attuazione dell'art. 118, comma 3, Cost. come modificato dalla legge cost. n. 3/2001 – il quale prevede forme di coordinamento tra Stato e Regioni in materia di ordine pubblico e sicurezza (v. Cap. I, par. 2) ed era rimasto per molti anni inattuato –, il d.-l. n. 14/2017 introduce la nozione di **sicurezza integrata** definendola come "insieme degli interventi", dello Stato, delle Regioni e degli enti locali, finalizzati "alla promozione e all'attuazione di un sistema unitario e integrato di sicurezza per il benessere delle comunità territoriali" (art. 1).

Esso prevede che, ferme restando le competenze esclusive dello Stato in materia di ordine pubblico e sicurezza, su proposta del Ministro dell'interno e previo accordo raggiunto nella Conferenza unificata Stato, Regioni e autonomie locali, sono adottate le **linee generali** delle politiche pubbliche per la promozione della sicurezza integrata al fine di coordinare le competenze dei soggetti istituzionali riguardo allo scambio informativo, all'interconnessione e all'aggiornamento professionale integrato tra le forze di polizia e la polizia locale; le suddette linee tengono in considerazione la "necessità di migliorare la qualità della vita e del territorio e di favorire l'inclusione sociale e la riqualificazione socio-culturale delle aree interessate" (art. 2).

Le Linee generali, approvate dalla Conferenza unificata il 24 gennaio 2018, prevedono fra l'altro che siano adottati strumenti di "prevenzione situazionale" miranti a "ridurre le opportunità di commettere reati" nonché misure di "prevenzione comunitaria" volte a "sostenere la partecipazione dei cittadini alla ricostituzione della dimensione comunitaria e al miglioramento complessivo delle condizioni sociali, abitative e dei servizi"; sotto il profilo operativo, le Linee prevedono l'utilizzo in comune, tra la polizia locale e le Forze di polizia presenti sul territorio, dei sistemi di sicurezza tecnologica utili per il controllo delle aree ed attività soggette a rischio.

Inoltre il d.-l. n. 14/2017 stabilisce che lo Stato e le Regioni possono concludere **specifici accordi** per la promozione della sicurezza integrata e lo Stato, nella rimodulazione dei presidi di sicurezza territoriale anche in vista del loro rafforzamento nelle zone di maggiore criticità, tiene conto di quanto emerso dall'applicazione degli accordi suddetti (art. 3).

Finora sono stati conclusi solo alcuni accordi Stato-Regioni per la promozione della sicurezza integrata, in particolare quello tra il Ministero dell'interno e la Regione Liguria (6 aprile 2019), di durata triennale, che ha promosso il coordinamento tra Stato, Regioni ed enti locali "in materia di politiche pubbliche per la sicurezza finalizzate ad innalzare i livelli di sicurezza dei cittadini", attraverso la creazione di una "rete di sicurezza" tra gli enti territoriali.

Inoltre il d.-l. n. 14/2017 riprende la nozione (che era stata introdotta nel 2008) di **sicurezza urbana** definendola come "il bene pubblico che afferisce alla vivibilità e al decoro delle citta, da perseguire anche attraverso interventi di riqualificazione, anche urbanistica, sociale e culturale, e recupero delle aree o dei siti degradati, l'eliminazione dei fattori di marginalità e di esclusione sociale, la prevenzione della criminalità, in particolare di tipo predatorio, la promozione della cultura del rispetto della legalità e l'affermazione di più elevati livelli di coesione sociale e convivenza civile" (art. 4).

Si tratta di una definizione maggiormente approfondita rispetto a quella contenuta nel decreto del Ministro dell'interno del 5 agosto 2008 (menzionato agli inizi del paragrafo), ma soprattutto più rilevante in quanto racchiusa in un atto di grado legislativo anziché in un decreto ministeriale.

Il d.-l. n. 14/2017 poi prevede che, in coerenza con le linee generali di cui all'art. 2 e nel rispetto di linee guida adottate su proposta del Ministro dell'interno previo accordo raggiunto nella Conferenza Stato-città e autonomie locali, "con appositi **patti** sottoscritti fra il prefetto ed il sindaco ... possono essere individuati, in relazione alla specificità dei contesti, interventi **per la sicurezza urbana**". Tali patti perseguono le seguenti finalità:

– "prevenzione e contrasto dei fenomeni di criminalità diffusa e predatoria, attraverso servizi e interventi di prossimità, in particolare a vantaggio delle zone maggiormente interessate a fenomeni di degrado, anche coinvolgendo ... le reti territoriali di volontari per la tutela e la salvaguardia dell'arredo urbano, delle aree verdi e dei parchi cittadini e favorendo l'impiego delle forze di polizia per far fronte ad esigenze straordinarie di controllo del territorio, nonché attraverso l'installazione di sistemi di videosorveglianza";

– "promozione e tutela della legalità, anche mediante mirate iniziative di dissuasione di ogni forma di condotta illecita ... prevenzione di altri fenomeni che comunque comportino turbativa del libero utilizzo degli spazi pubblici";

– "promozione del rispetto del decoro urbano";

– "promozione dell'inclusione, della protezione e della solidarietà sociale mediante azioni e progetti per l'eliminazione di fattori di marginalità, anche valorizzando la collaborazione con enti o associazioni operanti nel privato sociale, in coerenza con le finalità del Piano nazionale per la lotta alla povertà e all'esclusione sociale" adottato nel 2016 (art. 5).

Le linee guida per l'adozione dei patti per la sicurezza urbana sono state approvate dalla Conferenza Stato-città ed autonomie locali il 26 luglio 2018; inoltre per facilitare la sottoscrizione di tali patti il Ministero dell'interno ha predisposto una bozza che prevede le finalità, gli strumenti attuativi, l'istituzione di una cabina di regia e la durata del patto. Dunque dopo l'entrata in vigore del d.-l. n. 14/2017 si è aperta la "terza stagione" dei patti per la sicurezza urbana: merita ricordare che alcuni sono stati adottati anche prima dell'approvazione delle suddette linee guida, ad esempio il 6 e 7 giugno 2018 presso la Prefettura di Genova sono stati sottoscritti i patti per la sicurezza tra il prefetto e i sindaci di ventinove Comuni della Città metropolitana di Genova nonché i presidenti di tre Unioni di Comuni.

Recentemente è stata emanata la circolare del Ministero dell'Interno 8 novembre 2021, n. 75530 riguardo ai Patti per l'attuazione della sicurezza urbana e all'installazione di sistemi di videosorveglianza.

Delineando le nozioni di sicurezza integrata e sicurezza urbana, il d.-l. n. 14/2017 ha dunque sviluppato nuove modalità di approccio al tema della sicurezza pubblica, ulteriori rispetto alla concezione tradizionale di quest'ultima, connessa alla prevenzione e repressione dei reati: come ha affermato la Corte costituzionale riguardo alla sicurezza secondaria, riferendosi proprio al suddetto decreto-legge del 2017, si tratta di una "rinnovata declinazione legislativa del concetto di sicurezza" (sent. n. 285/2019).

2. I poteri del sindaco in tema di sicurezza urbana, in particolare il potere di ordinanza

Un significativo aspetto della disciplina della sicurezza concerne i poteri del sindaco in materia, fra i quali il potere di ordinanza: i decreti-legge sicurezza hanno più volte modificato gli artt. 50 e 54 del d.lgs. n. 267/2000 "Testo unico delle leggi sull'ordinamento degli enti locali" (TUEL), che regolano i poteri del sindaco rispettivamente come rappresentante della comunità locale e come ufficiale di governo (il sindaco è autorità locale di pubblica sicurezza: Cap. II).

L'art. **50 TUEL**, relativo alle competenze del sindaco quale rappresentante della comunità locale, è stato modificato riguardo alla potestà sindacale di ordinanza.

Al comma 5 del suddetto art. 50, in base a cui il sindaco nella suddetta qualifica adotta ordinanze contingibili e urgenti "in caso di emergenze sanitarie o di igiene pubblica a carattere esclusivamente locale", il d.-l. n. 14/2017 ha aggiunto altre ipotesi di adozione di tali ordinanze cioè anche "in relazione all'urgente necessità di interventi volti a superare situazioni di grave incuria o degrado del territorio, dell'ambiente e del patrimonio culturale o di pregiudizio del decoro e della vivibilità urbana, con particolare riferimento alle esigenze di tutela della tranquillità e del riposo dei residenti, anche intervenendo in materia di orari di vendita, anche per asporto, e di somministrazione di bevande alcoliche e superalcoliche".

Inoltre il d.-l. n. 14/2017 ha aggiunto al medesimo art. 50 TUEL:

– un comma 7-bis, a norma del quale il sindaco può disporre con ordinanza non contingibile e urgente limitazioni agli orari di vendita e somministrazione di bevande alcoliche e superalcoliche per non più di trenta giorni "al fine di assicurare il soddisfacimento delle esigenze di tutela della tranquillità e del riposo dei residenti nonché dell'ambiente e del patrimonio culturale in determinate aree delle città interessate da afflusso particolarmente rilevante di persone, anche in relazione allo svolgimento di specifici eventi"; e

– un comma 7-ter in base a cui nelle sopra menzionate ipotesi di degrado del territorio e pregiudizio della vivibilità urbana i Comuni possono approvare regolamenti: l'approvazione di siffatti regolamenti comunali sarebbe apprezzabile poiché essi potrebbero circoscrivere la discrezionalità dei sindaci nell'adozione delle ordinanze previste dall'art. 50 TUEL.

Il successivo d.-l. n. 113/2018 ha ulteriormente modificato il suddetto comma 7-bis dell'art. 50 TUEL aggiungendo dopo "eventi" le parole "o in altre aree comunque interessate da fenomeni di aggregazione notturna" e dopo "superalcoliche" le parole "limitazioni degli orari di vendita degli esercizi del settore alimentare o misto, e delle attività artigianale di produzione e vendita di prodotti di gastronomia pronti per il consumo immediato e di erogazione di alimenti e bevande attraverso distributori automatici"; ha inoltre introdotto il comma 7-bis.1 (deve notarsi che la numerazione è singolare e poco perspicua) che prevede sanzioni amministrative per l'inosservanza delle ordinanze sindacali.

Dal testo più volte rielaborato dell'art. 50 TUEL emerge che il sindaco, nella veste di rappresentante della comunità locale, può adottare due specie di ordinanze (distinte, anche se sembrano sovrapponibili): le ordinanze – contingibili e urgenti – che sono adottate per combattere il degrado del territorio e tutelare la tranquillità dei residenti, anche attraverso l'intervento sugli orari di vendita e somministrazione di bevande alcoliche (comma 5); le ordinanze – non contingibili e urgenti – che, al fine di tutelare la tranquillità dei residenti, dispongono limitazioni agli orari di vendita e somministrazione di alcolici (comma 7-bis). Nel confronto tra i due tipi può osservarsi che: anzitutto, la tranquillità dei residenti è una delle finalità del primo tipo di ordinanza, mentre è la finalità esclusiva del secondo tipo; inoltre, l'intervento sui suddetti orari risulta uno dei possibili oggetti dell'ordinanza del primo tipo, mentre è lo specifico oggetto dell'ordinanza del secondo tipo.

L'art. **54 TUEL**, relativo alle competenze del sindaco in qualità di ufficiale del Governo (dipendente gerarchicamente dal prefetto), è stato sostituito dal d.-l. n. 92/2008 con un nuovo testo.

Il testo novellato mantiene alcune competenze del sindaco inerenti alla sicurezza previste nel testo originario tra cui: da un lato, quella di sovrintendere all'emanazione degli atti "in materia di ordine e sicurezza pubblica", allo svolgimento delle funzioni legislativamente conferitegli "in materia di pubblica sicurezza" e alla vigilanza su quanto interessa "la sicurezza e l'ordine pubblico"; dall'altro lato, la competenza di introdurre cambiamenti agli orari degli esercizi commerciali e dei servizi pubblici, in casi di emergenza connessi con il traffico o l'inquinamento o per particolari necessità dell'utenza, ma il d.-l. n. 92/2008 ha inserito anche i "motivi di sicurezza urbana" come ipotesi legittimante l'esercizio del potere di cambiare i suddetti orari.

L'art. 54 TUEL come modificato nel 2008 contiene una formulazione parzialmente diversa, rispetto a quella originaria, del potere sindacale di ordinanza: il sindaco in qualità di ufficiale del Governo, allo scopo di prevenire ed eliminare gravi pericoli che minaccino l'incolumità pubblica e la "sicurezza urbana" (nel testo originario si prevedeva la minaccia solo all'incolumità dei cittadini), adotta con atto motivato, nel rispetto dei principi generali dell'ordinamento, provvedimenti anche contingibili e urgenti (nel testo originario non compariva la parola "anche" – perciò in base ad esso potevano essere adottati solo provvedimenti contingibili e urgenti – ma l'introduzione di tale parola è stata poi caducata dalla Corte costituzionale con sent. n. 115/2011 in quanto comportava che l'esercizio dei poteri di ordinanza con l'unico limite dei principi fondamentali dell'ordinamento non sarebbe stato circoscritto ai soli casi urgenti, con violazione del principio di legalità sostanziale in base a cui l'attribuzione di un potere ad un'autorità amministrativa deve delimitarne in modo preciso la discrezionalità); inoltre la legge di conversione del d.-l. n. 92/2008 ha introdotto il comma 4-bis, demandante ad un decreto ministeriale la definizione dei due oggetti passibili di minacce (v. paragrafo precedente).

L'art. 54 TUEL è stato parzialmente modificato anche da uno dei successivi decreti sulla sicurezza, il d.-l. n. 14/2017 che ha sostituito il suddetto comma 4-bis dell'art. 54 TUEL, il quale prevede che i provvedimenti "concernenti l'incolumità pubblica sono diretti a tutelare l'integrità fisica della popolazione, quelli concernenti la sicurezza urbana sono diretti a prevenire e contrastare l'insorgere di fenomeni criminosi o di illegalità, quali lo spaccio di stupefacenti, lo sfruttamento della prostituzione, la tratta di persone, l'accattonaggio con l'impiego di minori e disabili, ovvero riguardano fenomeni di abusivismo, quali l'illecita occupazione di spazi pubblici, o di violenza, anche legati all'abuso di alcool o all'uso di sostanze stupefacenti". Tale definizione di sicurezza urbana, che riguarda un aspetto finalistico (gli scopi da perseguire) e un profilo oggettivo (i fenomeni da contrastare), denota maggior concretezza rispetto a quella contenuta nell'art. 4 d.-l. n. 14/2017 riportata nel paragrafo precedente, ma deve ritenersi complementare ad essa.

Nell'art. 54 così come nell'art. 50 TUEL è prevista l'adozione da parte del sindaco di ordinanze contingibili e urgenti per finalità simili riguardanti la tutela della sicurezza, ma fra i suddetti articoli sussistono due differenze: una risulta la qualifica, rispettivamente di ufficiale di governo e di rappresentante della comunità locale, in cui opera il sindaco nell'adottare le ordinanze; l'altra consiste nella definizione dei casi in cui può essere adottata l'ordinanza, che sono definiti più precisamente dall'art. 54, più vagamente dall'art. 50 (con sfumature estetiche, ove richiama il "decoro", e per così dire psicologiche, ove fa riferimento alla "vivibilità").

Nel complesso, i decreti-legge sicurezza hanno ampliato notevolmente la potestà sindacale di ordinanza, anche se non deve trascurarsi la previsione (art. 50, comma 7-ter, TUEL) secondo cui il regolamento comunale può disciplinare i casi nei quali il sindaco adotta ordinanze contingibili e urgenti in qualità di rappresentante della comunità locale: tale regolamento potrebbe circoscrivere la discrezionalità del sindaco che nell'adottare tali ordinanze non è suscettibile di controllo, mentre le ordinanze adottate dal medesimo in qualità di ufficiale del Governo sono controllabili dal prefetto (che è superiore gerarchico del sindaco quando quest'ultimo agisce come ufficiale del Governo).

3. Provvedimenti a tutela della sicurezza secondaria, in particolare le misure dell'ordine di allontanamento e del divieto di accesso

Al fine di tutelare la sicurezza pubblica con riferimento ai luoghi in cui risulti maggiormente suscettibile di essere minacciata, il d.-l. n. 14/2017 (capo II: Disposizioni a tutela della sicurezza delle città e del decoro urbano) ha previsto la possibilità di adottare alcuni provvedimenti; in particolare ha introdotto due significative misure: l'ordine di allontanamento e il divieto di accesso, la cui disciplina è stata modificata dai decreti-legge nn. 113/2018 e 130/2020.

Il d.-l. n. 14/2017 prevede l'**ordine**, disposto dal sindaco quale ufficiale del Governo, **di allontanamento** dai luoghi, che si menzioneranno nell'immediato prosieguo, a carico di chi pone in essere condotte che impediscono l'accessibilità e la fruizione delle "infrastrutture, fisse e mobili, ferroviarie, aeroportuali, marittime e di trasporto pubblico locale, urbano ed extraurbano", violando divieti di occupazione di spazi; inoltre i regolamenti di polizia urbana possono individuare aree urbane ospitanti determinati edifici (scuole e università, musei e altri luoghi della cultura o comunque interessati da cospicui flussi turistici) o adibite a verde pubblico alle quali si applica la medesima disciplina (art. 9: "Misure a tutela del decoro di particolari luoghi").

L'ordine di allontanamento, che viene comunicato al questore, cessa di avere efficacia dopo quarantotto ore dall'accertamento del fatto (art. 10, comma 1).

Il d.-l. n. 113/2018 ha modificato l'art. 9 inserendo fra gli edifici summenzionati i presidi sanitari e aggiungendo ai luoghi interessati da flussi turistici le aree destinate allo svolgimento di fiere, mercati e pubblici spettacoli: risulta così ampliata la gamma dei luoghi da cui è ordinabile l'allontanamento.

Un'altra misura prevista a tutela della sicurezza pubblica è il **divieto di accesso** che comprende varie ipotesi.

– Il d.-l. n. 14/2017 all'art. 10 prevede, in caso di reiterazione delle condotte menzionate nell'articolo precedente se da esse possa derivare pericolo per la sicurezza, che il questore con provvedimento motivato può disporre il divieto di accesso ai *luoghi elencati dall'art. 9* per un periodo non superiore a sei mesi (comma 2); invece il periodo è non inferiore a sei mesi né superiore a due anni, se le condotte sono tenute da soggetti condannati, con sentenza definitiva o confermata in appello, negli ultimi cinque anni per reati contro la persona o il patrimonio (comma 3, ma in esso e nel comma precedente il termine di sei mesi è stato sostituito con quello di dodici mesi dal d.-l. n. 113/2018, che inoltre introdotto la pena dell'arresto per i contravventori del divieto di accesso).

Tale misura è stata denominata "DASPO urbano" perché risulta affine al DASPO (divieto di accesso alle aree sportive: ved. Cap. VI) introdotto dalla legge n. 401/1989: la terminologia è impropria (non ha senso dire: divieto di accesso alle aree sportive urbano), tanto che è diventato frequente l'uso dell'acronimo DACUR (Divieto di accesso alle aree urbane) il quale risulta più corretto.

– Oltre alla suddetta ipotesi di divieto di accesso, il d.-l. n. 14/2017 all'art. 13 (modificato dal d.-l. n. 130/2020) ne prevede un'altra: nei confronti delle persone condannate con sentenza definitiva o confermata in appello negli ultimi tre anni per spaccio di stupefacenti all'interno o nelle immediate vicinanze di *scuole, università, locali pubblici o aperti al pubblico*, il questore può, per ragioni di sicurezza, disporre il divieto di accesso ai suddetti locali o ad altri analoghi specificamente indicati ovvero di stazionare nelle immediate vicinanze dei medesimi (comma 1); tale divieto non può avere durata inferiore a un anno né superiore a cinque (comma 2); inoltre nei confronti di soggetti già condannati negli ultimi tre anni con sentenza definitiva il questore può disporre, per al massimo due anni, una o più delle seguenti misure:

obbligo di presentarsi almeno due volte alla settimana presso l'ufficio di polizia o il comando dei carabinieri competente per territorio nonché obbligo di rientrare nella propria abitazione entro una certa ora e di non uscire da essa prima di una determinata ora;

divieto di allontanarsi dal Comune di residenza;

obbligo di comparire presso un ufficio o comando negli orari di entrata e di uscita dalle scuole (comma 3).

– Un'altra ipotesi ancora di divieto di accesso è stata prevista dal d.-l. n. 113/2018 che ha introdotto nel d.-l. n. 14/2017 l'art. 13-bis (poi modificato dal d.-l. n. 130/2020): nei confronti delle persone condannate con sentenza definitiva o confermata in appello negli ultimi tre anni per reati commessi durante gravi disordini avvenuti in *pubblici esercizi* o in *locali di pubblico trattenimento* nonché per i delitti menzionati dal disposto, il questore può, per ragioni di sicurezza, disporre il divieto di accesso ai suddetti locali o ad altri analoghi specificamente indicati ovvero di stazionare nelle immediate vicinanze dei medesimi (comma 1) e tale divieto non può avere durata inferiore a sei mesi né superiore a due anni (comma 2); inoltre è previsto che il questore può prescrivere a tali persone di comparire personalmente una o più volte al giorno negli orari indicati all'ufficio o al comando di polizia del luogo di residenza o in altro indicato (comma 4).

Le tre ipotesi di divieto di accesso previste dagli artt. 10, 13 e 13-bis d.-l. n. 14/2017 (concernenti infrastrutture di trasporto, scuole e locali pubblici, pubblici esercizi e locali di pubblico trattenimento) sono disciplinate in modo simile al divieto di accesso ai luoghi sportivi introdotto dalla legge n. 401/1989 – che invero viene espressamente richiamata –, ma solo nella seconda e nella terza ipotesi è anche previsto l'obbligo di comparizione presso gli uffici di polizia a carico del destinatario del divieto di accesso: dunque la previsione contenuta nei tre suddetti disposti, per cui ai provvedimenti ivi disciplinati si applicano i commi 2-bis, 3 e 4 dell'art. 6 legge n. 401/1989 (che disciplinano il divieto di comparizione riferito al DASPO prevedendo l'intervento dell'autorità giurisdizionale: Cap. VI, par. 2), non è corretta in riferimento all'art. 10 d.-l. n. 14/2017 che non prevede l'obbligo di comparizione.

Oltre alle misure dell'ordine di allontanamento e del divieto di accesso, il d.-l. n. 14/2017 contiene altre previsioni a tutela della sicurezza pubblica:

– delinea le competenze del prefetto in tema di occupazioni arbitrarie di immobili da cui possa derivare un pericolo di turbativa per l'ordine e la sicurezza pubblica (art. 11);

– stabilisce che, in caso di reiterata inosservanza delle ordinanze emanate dal sindaco in base all'art. 50 TUEL (esaminato nel paragrafo precedente), il questore può disporre la sospensione dell'attività di un pubblico esercizio, per al massimo quindici giorni (art. 12, che richiama l'ancora vigente art. 100 Testo unico delle leggi di pubblica sicurezza del 1931, in base a cui il questore può sospendere la licenza di un pubblico esercizio qualora vi siano avvenuti tumulti o gravi disordini oppure esso sia abituale ritrovo di persone pregiudicate o pericolose oppure risulti un pericolo per l'ordine pubblico, la moralità pubblica, il buon costume, la sicurezza dei cittadini).

Infine i decreti-legge sicurezza degli ultimi anni contengono alcune disposizioni sulla sicurezza secondaria: mentre i decreti-legge nn. 53/2019 e 130/2020 modificano il d.-l. n. 14/2017 (tali modifiche sono state illustrate nel paragrafo precedente), il d.-l. n. 113/2018, oltre a disposti – gli artt. 21, 21-ter e 35-ter – modificanti il d.-l. n. 14/2017 e il TUEL testo unico sull'ordinamento degli enti locali, contiene ulteriori disposizioni riguardanti la sicurezza secondaria:

– la previsione dell'istituzione di un apposito fondo per il potenziamento delle iniziative dei Comuni in materia di sicurezza urbana (35-quater);

– la previsione, al fine del suddetto potenziamento, dell'autorizzazione di spesa riguardo all'installazione di sistemi di videosorveglianza da parte dei Comuni (35-quinquies: su tali sistemi Cap. IV, par. 4).

Un cenno merita infine la direttiva del Ministro dell'Interno 17 aprile 2019, n. 11001/118/7 "Ordinanze e provvedimenti antidegrado e contro le illegalità. Indirizzi operativi": essa, oltre a richiamare le ordinanze del sindaco e i provvedimenti prefettizi di divieto di accesso in alcuni luoghi, menziona un altro strumento cioè le ordinanze in funzione antidegrado e contro le illegalità, adottabili dal prefetto in base all'art. 2 TULPS (su tale articolo ved. Cap. I, par. 3).

4. La disciplina regionale in tema di sicurezza secondaria

In tema di sicurezza pubblica hanno legiferato, da una ventina di anni, numerose Regioni – ci si limita a considerare quelle a statuto ordinario – nei limiti in cui è configurabile una competenza legislativa regionale (Cap. I, par. 3) ossia riguardo alla sicurezza urbana e integrata.

Tale legislazione regionale si può suddividere temporalmente in due periodi.

Nel primo, che intercorre dagli inizi del 2000 all'adozione dei decreti-legge del 2008 e 2009 che hanno introdotto la sicurezza urbana (v. *supra*), sono state approvate alcune leggi regionali al riguardo: in Lazio e Toscana nel 2001; in Veneto, Umbria e Marche nel 2002; in Piemonte, Lombardia, Campania ed Emilia-Romagna nel 2003; Liguria nel 2004. Queste leggi – oltre che la riorganizzazione della polizia locale – hanno previsto, al fine di perseguire l'ordinata convivenza nelle comunità locali e la vivibilità dei centri urbani, il compito della Regione di promuovere un sistema integrato di sicurezza delle città attraverso: la corresponsione di contributi per iniziative rivolte al suddetto fine, la stipulazione di accordi con altri enti (fra cui, in base alla legge lombarda, i patti locali di sicurezza urbana), l'istituzione di particolari organi aventi compiti consultivi o di supporto alla programmazione e valutazione degli interventi regionali come l'Osservatorio sulle politiche per la sicurezza (o denominazioni simili): può dunque affermarsi che la legislazione regionale abbia anticipato la disciplina sulla sicurezza urbana e integrata contenuta nella legislazione statale successiva.

In particolare la legge reg. Liguria n. 28/2004 (marginalmente modificata negli anni successivi) stabilisce che il Consiglio regionale approvi il programma triennale per la promozione della sicurezza dei cittadini (sulla base del quale la Regione finanzia interventi al riguardo), che i Comuni presentino progetti integrati per la sicurezza ed inoltre che la Regione promuova accordi con lo Stato nonché accordi tra le autorità provinciali di pubblica sicurezza e i Comuni; la legge ligure inoltre prevede l'istituzione di un "Osservatorio regionale per la sicurezza e la qualità della vita dei cittadini", a supporto dell'attività della Regione, e della "Consulta regionale per la sicurezza urbana e del territorio ligure", la quale è composta dal Presidente della Giunta, dai sindaci dei Comuni capoluogo di provincia e da quattro sindaci designati dall'Associazione nazionale Comuni italiani, e ha competenza consultiva ossia esprime parere obbligatorio sugli atti di programmazione e sugli interventi regionali in tema di sicurezza.

Nel secondo periodo, che va dall'adozione dei suddetti

decreti del 2008/2009 a quella dei decreti sicurezza degli ultimi anni (fra cui il d.-l. n. 14/2017 che ha disciplinato ampiamente la sicurezza urbana e quella integrata), sono state approvate alcune leggi regionali in tema – oltre che di polizia locale – di sicurezza.

Tra queste si segnalano la legge reg. Toscana n. 11/2020 "Norme in materia di sicurezza urbana integrata e polizia locale ..." (in part. titolo II: Politiche della sicurezza) e la legge reg. Veneto n. 24/2020 "Normativa regionale in materia di polizia locale e politiche di sicurezza" (in part. titolo II: Politiche della sicurezza): esse, alla luce della normativa statale e in particolare del d.-l. n. 14/2017, disciplinano le politiche regionali volte a promuovere la sicurezza delle persone e delle comunità, considerata come "bene comune" (art. 1, comma 2, legge reg. Toscana) ovvero un sistema integrato di sicurezza nel territorio regionale (art. 13, comma 1, legge reg. Veneto), privilegiando "un approccio multidimensionale al concetto di sicurezza" (art. 10, comma 2, lett. a), legge reg. Toscana) e favorendo lo sviluppo di una "cultura della sicurezza" (art. 3, comma 2, lett. e), legge reg. Veneto).

Le leggi toscana e veneta prevedono che la rispettiva Regione sostiene le iniziative per l'implementazione della sicurezza urbana (di quest'ultima, la legge toscana riporta integralmente la definizione contenuta nel d.-l. n. 14/2017) nonché promuove intese e accordi con organi dello Stato e con altri enti pubblici riguardo alla sicurezza delle città e del territorio regionale: fondendo le nozioni di sicurezza urbana e di sicurezza integrata introdotte dal suddetto decreto-legge, la legge toscana ha coniato l'espressione "sicurezza urbana integrata" (artt. 11 e 12 legge reg. Toscana) prefigurando vari interventi, fra cui l'istituzione di una Conferenza regionale sulla sicurezza urbana integrata (art. 12 legge toscana; più sinteticamente l'art. 14 legge veneta prevede la Conferenza regionale per la sicurezza).

Mentre la legge reg. Toscana non è stata oggetto del sindacato di costituzionalità, alcune disposizioni dell'art. 13, comma 1, legge reg. Veneto n. 24/2020, cioè parte della lett. d) e le lett. e) nonché g), che in sintesi prevedevano l'intervento della Giunta regionale volto a rafforzare gli apparati di sicurezza, sono state dichiarate costituzionalmente illegittime dalla Corte costituzionale con sent. n. 176/2021 perché suscettibili di produrre un'interferenza nei compiti delle autorità statali preposte alla pubblica sicurezza.

Rispetto alla normativa statale, le leggi toscana e veneta aggiungono al concetto di sicurezza una ulteriore e significativa accezione: la "sicurezza partecipata" e – aggiunge la legge del Veneto – la "sicurezza sussidiaria", intese come sicurezza alla cui realizzazione spettante ai pubblici poteri partecipano anche soggetti privati (individui o gruppi di individui) in attuazione del principio di sussidiarietà orizzontale sancito dall'art. 118, comma 4, Cost. (in base a cui Stato, Regioni ed enti subregionali favoriscono l'iniziativa dei cittadini, singoli o associati, per lo svolgimento di attività d'interesse generale, in base al principio di sussidiarietà: tale comma fa seguito a quello che prevede il coordinamento fra Stato e Regioni in materie tra le quali la sicurezza).

L'art. 7 della legge reg. Toscana 11/2020 prevede: "La Regione riconosce il ruolo che le comunità locali attive, coese, inclusive e solidali hanno per la sicurezza dei territori ed a tal fine … promuove iniziative di partecipazione realizzate tramite i gruppi di vicinato, gli assistenti civici o i gruppi di cittadinanza attiva, con l'obiettivo di promuovere l'educazione alla convivenza, il rispetto della legalità, la mediazione dei conflitti, l'integrazione e l'inclusione sociale" e "In nessun caso dette attività possono essere realizzate in sostituzione di attività di vigilanza o presidio delle forze di polizia" (commi 1 e 2); invece il comma 3, il quale prevedeva che il Comune coordinasse le attività di sicurezza partecipata anche con la collaborazione della prefettura e delle forze di polizia, è stato abrogato dalla successiva legge reg. Toscana n. 39/2020 in quanto interferiva con la competenza di organi statali.

Ancora più diffusamente dispone l'art. 18 legge reg. Veneto n. 24/2020: "Al fine di favorire la partecipazione dei cittadini alla progettazione, gestione e valutazione delle politiche di sicurezza e previa concertazione con gli enti locali ..., la Giunta regionale promuove e sostiene la partecipazione delle associazioni di volontariato per iniziative finalizzate a:

a) fornire assistenza alla polizia locale in occasione di eventi pubblici di particolare rilievo;

b) svolgere attività di ausilio nella sorveglianza dei luoghi pubblici, finalizzate ad allertare tempestivamente gli organi di polizia locale o nazionale ...;

c) attivare programmi di prevenzione basati su stabili occasioni di incontro e valutazione delle problematiche locali in materia di sicurezza tra operatori di polizia locale e cittadini;

d) integrare ... programmi di sorveglianza di vicinato con programmi di sostegno della socialità ...;

e) integrare, sulla base di una concertazione tra Regione ed enti locali, azioni di sensibilizzazione per l'opinione pubblica su temi specifici inerenti la sicurezza" (comma 1).

La sicurezza partecipata riprende la disciplina della legge n. 94/2009 sulla collaborazione tra i sindaci e le associazioni di cittadini (osservatori volontari) e risulta ammissibile in quanto si esaurisca in attività che non incidano sulle funzioni degli organi statali competenti in materia di sicurezza, in particolare delle forze di polizia.

Una simile incidenza era invece prodotta dalla (anteriore di un anno a quella ora esaminata) legge reg. Veneto n. 34/2019: essa disciplinava il controllo di vicinato, definendolo "forma di cittadinanza attiva che favorisce lo sviluppo di una cultura di partecipazione al tema della sicurezza urbana ed integrata … svolgendo una funzione di osservazione, ascolto e monitoraggio, quale contributo funzionale all'attività istituzionale di prevenzione generale e controllo del territorio", anche se escludeva dal controllo di vicinato le iniziative di intervento per la repressione di reati (art. 2, comma 2); inoltre la legge in esame stabiliva che la Giunta regionale incentivasse gli enti locali a stipulare con gli Uffici territoriali di Governo "accordi o protocolli di intesa per il controllo di vicinato … in materia di tutela dell'ordine e sicurezza pubblica" (art. 2, comma 4).

L'intera legge veneta n. 34/2019 è stata dichiarata costituzionalmente illegittima dalla Corte costituzionale con sent. n. 236/2020 per violazione degli artt. 117, comma 2, lett. h), e 118, comma 3, Cost. in quanto ha legiferato nella materia "ordine pubblico e sicurezza" di legislazione esclusiva statale e ha regolato forme di coordinamento tra Stato ed enti locali nella suddetta materia, la disciplina delle quali spetta al legislatore statale.

L'intervento legislativo regionale in materia di sicurezza secondaria, se rispettoso della competenza statale, risulta apprezzabile perché amplia la disciplina di tale forma di sicurezza, enucleandone una nuova accezione connessa ai principi di partecipazione e di sussidiarietà.

5. Cenni sulla proposta di legge di riforma delle politiche integrate per la sicurezza

Sulle tematiche della sicurezza è in corso l'*iter* di approvazione di una legge di riforma della disciplina illustrata nei paragrafi precedenti: mentre quest'ultima era stata in gran parte dettata da decreti-legge, opportunamente si è scelto di introdurre la nuova normativa con legge. La Commissione Affari costituzionali della Camera ha adottato il 21 dicembre 2021 un testo unificato, derivante da vari progetti di legge d'iniziativa parlamentare e recante "Disposizioni per il coordinamento in materia di politiche integrate per la sicurezza e di polizia locale", su cui sembra sussistere un ampio accordo tra le forze parlamentari, in grado di condurre ad una rapida conclusione dell'*iter*.

Il testo suddetto concerne due temi: le politiche integrate per la sicurezza e la polizia locale.

– Riguardo alle politiche per la sicurezza, il testo unificato si prefigge, in attuazione dell'art. 118, comma 3, Cost., di integrare la disciplina sulle modalità e sugli strumenti di coordinamento tra Stato, Regioni ed enti locali dettata dal d.-l. n. 14/2017 convertito in legge n. 48/2017.

Anzitutto il testo unificato suggerisce d'introdurre l'obbligo di aggiornamento delle linee generali per la promozione della sicurezza integrata, da effettuarsi su proposta del Ministro dell'interno con accordo sancito in sede di Conferenza unificata.

Inoltre il testo unificato propone alcune finalità da perseguirsi con gli accordi tra Stato e Regione e suggerisce d'introdurre l'obbligo del prefetto del capoluogo di provincia di convocare, almeno ogni sei mesi, una conferenza regionale per la verifica dello stato di attuazione dei suddetti accordi.

Il testo unificato propone poi d'introdurre la facoltà per i patti per la sicurezza urbana di prevedere che il Comune capoluogo o la Città metropolitana o la Provincia effettuino annualmente una mappatura degli indicatori rilevanti e una analisi dei principali fenomeni di degrado e marginalità sociale nonché l'eventualità che, sulla base di tali mappatura e analisi, il prefetto concordi con i sindaci l'aggiornamento dei suddetti patti e la rimodellazione degli interventi per la sicurezza urbana; il testo suddetto suggerisce anche d'inserire l'obbligo del prefetto del capoluogo di provincia di convocare, almeno ogni sei mesi, una conferenza a livello provinciale per la verifica dell'attuazione dei patti per la sicurezza urbana.

Infine il testo unificato, mentre non concerne le ordinanze sindacali, propone (inserendo un apposito art. 5-bis nel d.-l. n. 14/2017) di accentuare il rilievo dei regolamenti di polizia urbana prevedendo che stabiliscano obblighi e divieti per assicurare la fruizione ottimale dello spazio pubblico, il decoro urbano e la tutela della quiete pubblica nonché per rimuovere situazioni che potrebbero dar luogo a fenomeni di criminalità.

– Riguardo alla polizia locale, il testo unificato:

da un lato, prospetta un ampliamento della nozione di

polizia locale, intesa come insieme delle funzioni non solo di polizia amministrativa locale, ma altresì di sicurezza urbana e del territorio extraurbano, risultanti funzioni fondamentali degli enti locali alla luce dell'art. 117, comma 2, lett. p), Cost.;

dall'altro lato, prefigura la disciplina dei Corpi di polizia locale, intesi come articolazioni a rilevanza esterna di cui gli enti locali si avvalgono per l'esercizio delle funzioni di polizia locale come poc'anzi definita, e prevede che tali Corpi esercitino anche funzioni ausiliarie di pubblica sicurezza, previa attribuzione ai membri di essi, da parte del prefetto, della qualifica di agenti di pubblica sicurezza.

Oltre a confermare l'attribuibilità (già prevista dalla legge n. 65/1986) delle funzioni ausiliarie di pubblica sicurezza alla polizia locale, il testo unificato in esame conterrebbe un aspetto innovativo perché suggerisce di attribuire a quest'ultima in via generale la competenza relativa alla sicurezza urbana, ovviamente nel rispetto della legge statale.

Riguardo ai Corpi di polizia locale, il testo unificato prefigura alcuni aspetti come le qualifiche dei dipendenti di essi, demandando alla legge regionale le norme generali per l'istituzione dei Corpi di polizia locale e il coordinamento tra i medesimi nonché ai regolamenti di Comuni e Province la disciplina dell'organizzazione di tali Corpi e l'ordinamento del personale di essi, sulla base dei criteri legislativamente sanciti.

Riferimenti bibliografici

ALGOSTINO A., *Sicurezza urbana, decoro della smart city e poteri del prefetto. Note intorno alla "Direttiva Salvini sulle zone rosse" (n. 11001/118/7 del 17 aprile 2019) e ad alcune recenti ordinanze dei prefetti di Bologna, Firenze e Siracusa*, in www.costituzionalismo.it, 1/2019.

ANTONELLI V. (a cura di), *La sicurezza delle città tra diritti ed amministrazione*, Cedam, 2018.

BONETTI P., *L'allocazione delle funzioni amministrative e le forme di coordinamento per le materie dell'ordine pubblico, della sicurezza e dell'immigrazione nel nuovo art. 118 della Costituzione*, in *Le Regioni*, 2002, p. 1121 ss.

BONETTI P., *Considerazioni conclusive circa le ordinanze dei sindaci in materia di sicurezza urbana profili costituzionali e prospettive*, in *Le Regioni*, 2010, p. 429 ss.

CARAVITA DI TORITTO B., *Sicurezza e sicurezze nelle politiche regionali*, in www.federalismi.it, n. 25/2004.

GALLO N.-GIUPPONI T.F. (a cura di), *L'ordinamento della sicurezza: soggetti e funzioni*, Franco Angeli, 2017.

GIUPPONI T.F., *Sicurezza urbana 2.0: luci e ombre del decreto Minniti*, in www.forumcostituzionale.it, 2017.

NOBILI G.G.-GIUPPONI T.F.-RICIFARI E.-GALLO N. (a cura di), *La sicurezza delle città. La sicurezza urbana e integrata*, Franco Angeli, 2019.

PAJNO A. (a cura di), *La sicurezza urbana*, Maggioli, 2010.

SCIARABBA V., *Il "controllo di vicinato" Profili costituzionali e comparati tra questioni di competenza, criticità sostanziali e possibili riconfigurazioni del fenomeno*, Editoriale Scientifica, 2021.

TROPEA G., *I nuovi poteri di sindaco, questore e prefetto in materia di sicurezza urbana (dopo la legge Minniti)*, in www.federa lismi.it, n. 1/2018.

Capitolo VI

LA SICUREZZA SPORTIVA

Sommario: 1. La legislazione sulla sicurezza durante le manifestazioni sportive. – 2. Il divieto di accesso ai luoghi ove si svolgono manifestazioni sportive (DASPO) e l'obbligo di comparizione. – 3. Altre disposizioni volte a tutelare la sicurezza sportiva. – Riferimenti bibliografici.

1. La legislazione sulla sicurezza durante le manifestazioni sportive

Dopo aver illustrato la sicurezza pubblica in ambito generale, passiamo a tratteggiarla in settori specifici, cominciando da quello sportivo, che ha una regolazione più risalente rispetto ad altre forme di sicurezza che abbiamo esaminato (sicurezza urbana: Cap. V) e che esamineremo (sicurezza informatica: Cap. VII), disciplinate soprattutto nell'ultimo quindicennio. Per sicurezza sportiva qui si intende non la sicurezza individuale di quanti praticano sport, a livello amatoriale o agonistico (tale accezione di sicurezza configura piuttosto un particolare profilo della sicurezza sanitaria, su cui Cap. VIII), ma la sicurezza collettiva di coloro che assistono a manifestazioni sportive, la quale sarebbe lesa dagli scontri fra le opposte tifoserie in occasione di una gara.

Per tutelare la sicurezza sportiva, il legislatore intervenne già a fine anni '80: la legge n. 401/1989 ha previsto alcune misure applicabili durante lo svolgimento di competizioni agonistiche, tra cui il cosiddetto DASPO.

Questa legge nel testo originario disciplinava la sicurezza sportiva in tre brevi articoli, prevedendo che:

– "L'autorità di pubblica sicurezza può sempre ordinare il divieto di accesso ai luoghi dove si svolgono competizioni agonistiche alle persone che vi si rechino con armi improprie, o che siano state condannate o che risultino denunciate per aver preso parte attiva a episodi di violenza in occasione o a causa di manifestazioni sportive, o che nelle stesse circostanze abbiano incitato o inneggiato alla violenza con grida o con scritte" e il contravventore a suddetto divieto "è punito con l'arresto da tre mesi ad un anno" (art. 6);

– "chiunque turba il regolare svolgimento di una competizione agonistica è punito con una sanzione amministrativa pecuniaria ..." irrogata dal prefetto (art. 7);

– "nei casi di arresto in flagranza per reato commesso durante o in occasione di manifestazioni sportive, i provvedimenti di remissione in libertà conseguenti a convalida di fermo e arresto o di concessione della sospensione condizionale della pena ... possono contenere prescrizioni in ordine al divieto di accedere ai luoghi ove si svolgono competizioni agonistiche" (art. 8).

La legge n. 401/1989 è stata modificata più volte:

– in anni risalenti, ad opera di vari decreti-legge convertiti in legge adottati, a partire dalla metà degli anni '90, in conseguenza di gravi episodi di violenza negli stadi (che provocarono alcuni morti e numerosi feriti): dal d.-l. n. 717/1994 convertito in legge n. 45/1995 al d.-l. n. 28/2003 convertito in legge n. 88/2003 fino al d.-l. n. 119/2014 convertito in legge n. 146/2014, che hanno via via ampliato la disciplina del divieto di accesso e introdotto altri istituti che esamineremo nel prosieguo;

– negli ultimi anni, dai decreti-legge sicurezza in particolare dal d.-l. n. 53/2019 convertito in legge n. 77/2019 il cui art. 13 ha ulteriormente esteso la disciplina contenuta nella legge n. 401/1989.

Il testo vigente della legge n. 401/1989 risulta ora molto ampio e articolato, poiché sono stati inseriti ulteriori commi nell'art. 6 e nell'art. 8 ed aggiunti gli artt. da 6-bis a 6-quinquies, da 7-bis a 7-ter, 8-bis e 8-ter; nel prosieguo si considera per semplicità il testo in vigore, senza illustrare analiticamente le varie tappe dell'evoluzione normativa che ha portato ad esso.

2. Il divieto di accesso ai luoghi ove si svolgono manifestazioni sportive (DASPO) e l'obbligo di comparizione

Per tutelare la sicurezza sportiva la legge n. 401/1989 all'art. 6 prevede la misura comunemente denominata DASPO (acronimo non menzionato dalla legge) ossia il **divieto di accesso ai luoghi ove si svolgono manifestazioni sportive** specificamente indicate e a quelli, anch'essi specificamente indicati, che servono alla sosta, al transito e al trasporto di quanti partecipano o assistono alle suddette manifestazioni: questa disposizione è apprezzabile perché prevede che il DASPO riguardi un ambito spaziale più esteso che non il luogo dell'evento sportivo (es. lo stadio dove sarà giocata la partita di calcio).

Il DASPO è un provvedimento di competenza del questore e può essere disposto nei confronti degli individui:

– i quali sono denunciati per aver preso parte attiva ad episodi di violenza su persone o cose in occasione o a causa di manifestazioni sportive o che nelle stesse circostanze abbiano indotto o incitato alla violenza;

– i quali risulta, sulla base di elementi di fatto, abbiano tenuto in occasione di manifestazioni sportive anche all'estero, sia singolarmente sia in gruppo, una condotta finalizzata alla partecipazione attiva ad episodi di violenza tali da porre in pericolo la sicurezza pubblica o creare turbative per l'ordine pubblico;

– che sono denunciati o condannati, anche con sentenza non definitiva, nei cinque anni precedenti per uno dei reati ivi indicati, tra cui delitti contro l'ordine pubblico, anche se il fatto non è stato commesso in occasione o a causa di manifestazioni sportive;

– menzionati dall'art. 4, comma 1, lett. d), d.lgs. n. 159/2011, tra cui coloro che pongano in essere atti volti a sovvertire l'ordinamento dello Stato o attività terroristiche, anche se la condotta non è stata tenuta in occasione di manifestazioni sportive (art. 6, comma 1).

Il divieto può essere disposto anche nei confronti di individui non maggiorenni purché ultra quattordicenni (art. 6, comma 1-bis) e altresì riguardo a manifestazioni sportive svolgentisi all'estero (art. 6, comma 1-ter).

Come si ricava dal lungo elenco summenzionato, il DA-

SPO ha un ambito soggettivo di applicazione molto ampio, poiché la legge individua i possibili destinatari: da un lato, prevedendo che essi possano trovarsi in numerose situazioni pericolose per la sicurezza pubblica; dall'altro lato, considerandoli non solo in base alla loro condotta come singoli e non solo con riferimento alla maggiore età.

Il DASPO ha una durata non inferiore a un anno – ma in caso di condotta di gruppo, non inferiore a tre anni per chi assume la direzione del gruppo – né superiore a cinque e può essere revocato o modificato qualora siano venute meno o mutate le condizioni che ne avevano giustificato l'emissione (art. 6, comma 5): nel testo vigente della legge in esame sono opportunamente previste la durata e la revocabilità del DASPO, che invece non risultavano indicate nel testo originario.

Il DASPO è una misura che incide sulla libertà di circolazione e risulta legislativamente prevista nel rispetto della riserva di legge di cui all'art. 16 Cost.; secondo alcuni invece esso si rivela una atipica misura di prevenzione, concretandosi nell'evitare l'ingresso in luoghi dove si svolgono manifestazioni sportive ad individui che potrebbero provocare un pericolo per la sicurezza pubblica. Il DASPO dovrebbe essere adottato non sulla base di una pericolosità presunta del soggetto cui è rivolto, bensì a seguito della specifica valutazione di elementi concreti della pericolosità sociale di tale individuo.

Siccome il DASPO è un provvedimento di un'autorità amministrativa (questore), il destinatario di esso può impugnarlo dinanzi al giudice amministrativo.

Per decidere sui ricorsi presentati contro i DASPO si è formata una cospicua giurisprudenza amministrativa, nell'ambito della quale ci si limita a citare due recenti decisioni:

– la sentenza Consiglio di Stato, sez. III, n. 2997/2019 (respingendo l'appello contro una sentenza del TAR Emilia-Romagna che aveva rigettato la richiesta di annullare un provvedimento di DASPO adottato nei confronti di un individuo che aveva causato incidenti al termine di un incontro di calcio allo stadio) ha sottolineato la "essenziale, innegabile, finalità preventiva" di tale misura e ha affermato che per il DASPO, "come per tutto il diritto amministrativo della prevenzione incentrato su una fattispecie di pericolo per la sicurezza pubblica o per l'ordine pubblico, deve valere la logica del «più probabile che non», non richiedendosi, anche per questa misura amministrativa di prevenzione … la certezza oltre ogni ragionevole dubbio che le condotte siano ascrivibili ai soggetti destinatari del provvedimento, ma appunto una dimostrazione fondata su «elementi di fatto» gravi, precisi e concordanti, secondo un ragionamento causale di tipo probabilistico improntato ad una elevata attendibilità";

– la sentenza Consiglio di Stato, sez. III, n. 4123/2021 (respingendo l'appello contro una sentenza del TAR Campania che aveva rigettato la richiesta di annullare un provvedimento di DASPO adottato nei confronti di un individuo per aver rivolto minacce all'allenatore durante l'allenamento di una squadra di calcio allo stadio) ha evidenziato che, come prevede testualmente la legge, il DASPO può venir emesso per comportamenti pericolosi per la sicurezza pubblica "in occasione o causa di manifestazioni sportive" quindi riguardo non solo alle gare, ma anche agli allenamenti svolti in vista di esse: invero gli allenamenti delle squadre che partecipano alle gare organizzate dalle federazioni sportive "sono strettamente collegati con le «manifestazioni sportive», secondo un rapporto di diretta causalità".

Riguardo alle conseguenze prodotte sul DASPO dalla decisione con cui il giudice penale ha qualificato o meno come reato il comportamento del destinatario del DASPO, merita citare la sentenza della Corte di Cassazione, sez. VI, n. 9006/2020 (la quale ha assolto un individuo accusato per una condotta che aveva comportato l'adozione di un DASPO): la Corte afferma che il proscioglimento dal reato "non determina l'automatica decadenza" del DASPO poiché quest'ultimo "non è basato sull'accertamento giudiziale dei fatti presupposti e può essere revocato o modificato ... col venir meno o col mutamento delle condizioni che ne hanno giustificato l'emissione".

Oltre al divieto di accesso ai luoghi dove si svolgono manifestazioni sportive, la legge n. 401/1989 sempre all'art. 6 prevede un'altra misura per tutelare la sicurezza sportiva, cioè l'**obbligo di comparizione** presso gli uffici di polizia: alle persone cui è notificato il DASPO, il questore può prescrivere l'obbligo, durante la giornata in cui si svolgono le manifestazioni sportive per le quali opera il divieto, di comparire personalmente una o più volte negli orari indicati, nell'ufficio o comando di polizia competente riguardo al luogo di residenza dell'obbligato (comma 2). La notifica dell'obbligo di presentazione deve far menzione della facoltà dell'interessato di presentare memorie al giudice cui spetta la convalida del provvedimento (comma 2-bis); il provvedimento del questore ha effetto dalla prima manifestazione successiva alla notifica ed è immediatamente comunicata al procuratore della Repubblica (presso il tribunale, o il tribunale per i minorenni se l'interessato ha meno di diciotto anni, competente riguardo al luogo ove ha sede la questura) il quale, se ritiene sussistenti i presupposti, entro quarantotto ore dalla notifica chiede la convalida del provvedimento al giudice per le indagini preliminari, ma se quest'ultimo non convalida il provvedimento nelle quarantotto ore successive, esso cessa di avere efficacia (comma 3); qualora il giudice abbia convalidato il provvedimento, contro l'ordinanza di convalida è proponibile il ricorso per Cassazione (comma 4).

Il suddetto obbligo di comparizione è configurabile come una misura di sicurezza ex art. 25, comma 3, Cost., ma incide anche sulla libertà personale ed invero viene disciplinata con le garanzie previste per le limitazioni di quest'ultima: l'intervento dell'autorità giurisdizionale (art. 13, comma 3, Cost.) e la ricorribilità in Cassazione (art. 111, penultimo comma, Cost.).

Anche la Corte costituzionale ha affermato che l'ordine di comparizione si configura "come atto idoneo ad incidere sulla libertà personale del soggetto tenuto a comparire" e quindi dev'essere adottato con le garanzie previste dall'art. 13 Cost. (sent. n. 193/1996), in particolare dev'essere sottoposto al vaglio dell'autorità giudiziaria (sent. n. 144/1997); "la natura di atto suscettibile di incidere sulla libertà personale impone che il giudizio di convalida effettuato dal giudice per le indagini preliminari non possa limitarsi ad un mero controllo formale, bensì ... debba esser svolto in modo pieno" (sent. n. 512/2002).

Riguardo alla scelta se adottare solo il divieto di accesso ai luoghi ove si svolgono competizioni sportive o altresì l'obbligo di comparizione presso il posto di polizia, la Corte costituzionale sottolinea: il questore è "tenuto a determinarsi motivatamente per l'adozione dell'uno o di entrambi" i provvedimenti "sulla base di una ponderata valutazione delle circostanze oggettive e soggettive tali da indurre a ritenere sufficiente solo il primo ... ovvero da consigliare anche il secondo" (sent. n. 193/1996).

Per la violazione dei commi 1 (divieto di accesso) e 2 (obbligo di comparizione) la legge prevede la reclusione da uno a tre anni e una multa da diecimila a quarantamila euro (art. 6, comma 6).

La legge n. 401/1989 inoltre prevede che il divieto di

accesso e l'obbligo di comparizione possono essere disposti direttamente dal giudice (in riferimento al suddetto divieto si è parlato di **DASPO giudiziario** o "DASPO del recidivo"): con la sentenza di condanna per i reati di cui al comma 6 e per quelli commessi in occasione o a causa di manifestazioni sportive o durante i trasferimenti da o verso i luoghi ove sono svolte, il giudice dispone il divieto di accesso nei luoghi in cui si svolgono le manifestazioni sportive specificamente indicate e l'obbligo di presentarsi presso un ufficio di polizia durante lo svolgimento delle suddette manifestazioni, per un periodo da due a dieci anni (art. 6, comma 7). Non è invece stato legislativamente previsto (anche se ne era stata suggerita la previsione) il cosiddetto DASPO a vita cioè senza limitazioni temporali, che avrebbe presentato una palese incostituzionalità.

Viene infine previsto che, decorsi almeno tre anni dalla cessazione del DASPO di cui al comma 1, il destinatario di esso può chiedere al questore la cessazione degli ulteriori effetti pregiudizievoli derivanti da tale misura: la cessazione è concessa se l'individuo ha dato prova costante ed effettiva di buona condotta, anche in occasione di manifestazioni sportive (art. 6, comma 8-bis).

Il DASPO disciplinato dalla legge n. 401/1989 ha costituito il modello per la previsione, quasi trent'anni dopo e nell'ambito della disciplina della sicurezza secondaria, di un istituto analogo, detto – impropriamente – DASPO urbano (come si è già illustrato nel Cap. V).

3. Altre disposizioni volte a tutelare la sicurezza sportiva

La legge n. 401/1989 contiene poi altre disposizioni volte a tutelare la sicurezza sportiva, vietando comportamenti a vario titolo pericolosi.

Anzitutto la legge punisce l'**utilizzo e** anche **il mero possesso di oggetti contundenti** prescrivendo quanto segue:

– chi, nei luoghi in cui si svolgono manifestazioni sportive o interessati alla sosta, transito o trasporto di quanti partecipano o assistono ad esse, nelle ventiquattro ore precedenti o successive allo svolgersi della manifestazione, lancia razzi, bengala, fuochi artificiali, petardi, mazze, bastoni, materiale inquinante e oggetti contundenti è punito con la reclusione da uno a quattro anni e la pena è aumentata se dal fatto deriva un danno alle persone o un ritardo rilevante dell'inizio della manifestazione o la sua sospensione o cancellazione (art. 6-bis, che inoltre punisce chi supera indebitamente una recinzione dell'impianto o invade il terreno di gioco, con l'arresto fino a un anno – fino a quattro, se dal fatto derivano le suddette conseguenze sulla manifestazione – e con l'ammenda da mille a cinquemila euro);

– chi nelle situazioni e nei termini sopra menzionati sia trovato in possesso dei medesimi oggetti è punito con la reclusione da sei mesi a tre anni e la multa da mille a cinquemila euro (art. 6-ter).

Ancora, la legge in esame punisce con le pene previste dagli articoli del coside penale ivi richiamati chi minaccia, o commette **violenza verso**, **gli addetti** incaricati a controllare i titoli di accesso agli impianti ove si svolgono le manifestazioni sportive (art. 6-quater) e chi commette lesioni personali gravi o gravissime nei confronti di tali addetti (art. 6-quinquies).

Inoltre la legge n. 401/1989 prevede (art. 7) una sanzione amministrativa pecuniaria, irrogata dal prefetto, a chi è responsabile di **turbativa di manifestazioni sportive** (art. 7) e (art. 7-bis) il **differimento e divieto di manifestazioni sportive**: per urgenti e gravi necessità pubbliche connesse allo svolgimento di manifestazioni sportive il prefetto, "al fine di tutelare l'ordine pubblico e la sicurezza pubblica", può differire lo svolgimento di manifestazioni ad un'altra data ritenuta idonea o, qualora persista il pericolo di grave turbativa, può vietare lo svolgimento di manifestazioni sportive per periodi ciascuno di durata non superiore a trenta giorni (art. 7-bis).

La medesima legge prevede (art. 7-bis.1) il **divieto di trasferta**: nell'ipotesi di gravi episodi di violenza verificatisi in occasione di partite di calcio, il Ministro dell'interno può vietare, per una durata non superiore a due anni, l'apertura del settore ospiti degli stadi ove si svolgeranno le partite connesse al pericolo di turbativa dell'ordine pubblico ed altresì vietare la vendita dei biglietti d'ingresso ai residenti della provincia delle squadre ospiti (art. 7-bis 1).

Mentre le misure previste dagli artt. 7 e 7-bis sono adottate dal prefetto quale autorità provinciale di pubblica sicurezza, la misura del divieto di trasferta, avendo una rilevanza ultraprovinciale, è adottata dal Ministro dell'interno, quale autorità nazionale di pubblica sicurezza (*supra*, Cap. II).

La legge in esame prevede inoltre l'**arresto in flagranza** durante manifestazioni sportive qualora in esse siano commessi i reati ivi menzionati, fra cui quelli indicati dagli artt. 6, commi 1 e 6, 6-bis, comma 1 e 6-ter ossia la violazione del divieto di accesso ai luoghi ove si svolgono manifestazioni sportive, il lancio di oggetti pericolosi ed il possesso dei medesimi in occasione di manifestazioni sportive (art. 8, comma 1-bis). Essa infine prevede l'**arresto in flagranza differito** in occasione di manifestazioni sportive: quando riguardo ai casi suddetti non è possibile procedere immediatamente all'arresto per ragioni di sicurezza o incolumità pubblica, si considera in stato di flagranza chi risulta autore di un reato qualora ciò emerga inequivocabilmente da documentazione video fotografica, purché l'arresto sia compiuto non oltre il tempo necessario all'identificazione del reo e comunque entro quarantotto ore dal fatto (art. 8, comma 1-ter, comma introdotto dal d.-l. n. 28/2003 conv. in legge n. 88/2003).

L'efficacia della previsione dell'arresto in flagranza differito è stata più volte prorogata, da ultimo fino al 30 giugno 2020 (art. 10, comma 6-ter, d.-l. n. 14/2017), poi il limite temporale è stato soppresso (art. 15 d.-l. n. 53/2019) e da ciò consegue l'operatività permanente dell'arresto in flagranza differito.

L'arresto in flagranza differito risulta una contraddizione logica poiché la flagranza di reato dovrebbe comportare l'immediatezza della misura restrittiva (come si desume dall'art. 13, comma 3, Cost.), ma è giustificato proprio da ragioni di sicurezza: per arrestare immediatamente l'autore di uno dei reati summenzionati si rischia di danneggiare numerose altre persone vicine a chi dovrebbe venir arrestato, per cui è preferibile appunto differire l'arresto alla fine della manifestazione sportiva, anche perché la commissione del reato è testimoniata in modo inconfutabile dalla documentazione video fotografica.

Il DASPO è stato molto utilizzato non solo negli anni immediatamente successivi alla sua previsione, ma anche in anni recenti, rivelandosi utile a tutelare in via preventiva la sicurezza soprattutto negli stadi in occasione delle più rilevanti partite di calcio.

Conclusivamente merita rilevare che la disciplina della sicurezza sportiva ha svolto un ruolo anticipatorio rispetto a successive discipline su altri aspetti della sicurezza: così l'introduzione del DASPO ha ispirato la previsione nel 2017 del DASPO urbano (come si è illustrato nel Cap. V sulla sicurezza secondaria, par. 3); ancora l'introduzione dell'arresto in flagranza differito durante le manifestazioni sportive ha anticipato la previsione nel 2020 dell'applicabilità di tale istituto nei centri di permanenza per i rimpatri (come si è riportato nel Cap. IV sulla sicurezza primaria, par. 3).

Riferimenti bibliografici

BONOMI A.-PAVICH G., *Daspo e problemi di costituzionalità*, in www.penalecontemporaneo.it, 2015.

CACCIARI A., *Le misure di prevenzione della violenza nel tifo sportivo: problemi di compatibilità costituzionale*, in *Rivista di diritto sportivo*, 1999, p. 335 ss.

PERUGIA D., *Violenza negli stadi ed arresto in flagranza "differita": vecchie e nuove perplessità*, in *Giurisprudenza italiana*, 2008, p. 2044 ss.

TROMBETTA G., *La (resistibile?) ascesa del D.A.SPO.*, in www.federalismi.it, n. 3/2022, p. 1 ss.

Capitolo VII

LA SICUREZZA INFORMATICA

Sommario: 1. Definizione di sicurezza informatica e cenni sulla normativa internazionale e dell'Unione europea. – 2. La legislazione italiana sulla sicurezza informatica. – 3. Gli atti attuativi della legislazione italiana sulla sicurezza informatica. – Riferimenti bibliografici.

1. Definizione di sicurezza informatica e cenni sulla normativa internazionale e dell'Unione europea

La sicurezza informatica o cibernetica (*cybersecurity*) si definisce come insieme delle misure adottabili per la protezione dei sistemi informatici – caratterizzati da disponibilità, riservatezza e integrità – al fine di prevenire attacchi che comprometterebbero il corretto funzionamento di essi.

Gli attacchi possono riguardare sistemi informatici di soggetti privati (ad esempio aziende, determinando un danno commerciale), ma anche sistemi informatici di enti pubblici, addirittura di interi Stati, come nel caso dell'attacco informatico all'Estonia (che colpì i siti di Parlamento e ministeri, oltre che di media, banche ed imprese) nel 2007; merita ricordare anche gli attacchi di *hacker* riguardo al Partito democratico negli Stati Uniti durante le elezioni presidenziali USA del 2016.

A differenza delle altre forme di sicurezza, quella informatica non è disciplinabile solo a livello di un singolo Stato, data l'estensione della rete a livello mondiale (internet ha determinato la destatualizzazione e deterritorializzazione della disciplina di molti settori): perciò, prima di esaminare la normativa sulla sicurezza informatica in Italia, si effettuano alcuni cenni sulla regolamentazione di tale forma di sicurezza a livello internazionale e nell'ambito dell'Unione europea.

A livello internazionale, in assenza di una disciplina adottata dall'Organizzazione delle Nazioni Unite (che peraltro adotta periodicamente un *Global Cybersecurity Index*, il quale classifica gli Stati a seconda del loro livello di sicurezza informatica), possono menzionarsi atti di varia provenienza adottati già da anni fra cui:

– "Linee guida dell'OCSE sulla sicurezza dei sistemi e delle reti d'informazione" adottate dall'Organizzazione per la cooperazione e lo sviluppo economico;
– "ISO 27001" standard internazionale indicante i requisiti per la certificazione dei sistemi di gestione della sicurezza delle informazioni, adottato dalla *International Organization for Standardization* (organizzazione internazionale indipendente non governativa con sede a Ginevra).

Un cenno a sé merita il "*Cybersecurity framework*" elaborato dal *National Institute of Standards and Technology* (NIST) statunitense e utilizzato che in molti altri Stati: esse distingue la sicurezza passiva (evita che soggetti estranei entrino nei sistemi) e quella attiva (evita che soggetti non autorizzati possano accedere ai dati o modificarli).

Nell'ambito dell'Unione europea nell'ultimo ventennio sono stati adottati numerosi atti normativi sulla sicurezza informatica.

Anzitutto deve essere menzionata la **Direttiva 2002/21** che ha istituito un quadro normativo comune per le reti ed i servizi di comunicazione elettronica: c.d. "direttiva quadro".

Successivamente il **Regolamento 2004/460** ha istituito l'Agenzia europea per la sicurezza delle reti e dell'informazione (European network and information security agency: ENISA), detta anche Agenzia dell'Unione europea per la cybersicurezza, avente il compito di assistere la Commissione europea e gli Stati membri al fine di assicurare un alto ed efficace livello di sicurezza delle reti e dell'informazione, sicurezza intesa come capacità di una rete (sistema di trasmissione di segnali con mezzi a filo, radio, ottici o elettromagnetici) o di un sistema di informazione (computer e reti di comunicazione elettronica) di resistere ad eventi che compromettano la disponibilità, l'integrità e la riservatezza dei dati trasmessi mediante la rete o il sistema.

Più recentemente è stata adottata la **Direttiva 2016/1148**, recante misure per un livello comune elevato di sicurezza delle reti e dei sistemi informativi dell'Unione: **c.d. "Direttiva NIS"** (*Network and Information Security*).

Essa prevede che ogni Stato membro:

– adotti una strategia nazionale per la sicurezza informatica (art. 7);

– delinei un quadro organizzativo al riguardo designando:

– una o più autorità nazionali NIS cioè competenti in materia di sicurezza delle reti e dei sistemi informativi, le quali controllano l'applicazione della direttiva all'interno degli Stati;

– un punto di contatto unico nazionale in materia di sicurezza delle reti e dei sistemi informativi, che garantisce la cooperazione transfrontaliera delle autorità nazionali di uno Stato membro con quelle degli altri Stati membri (art. 8);

– uno o più gruppi di intervento per la sicurezza informatica in caso di incidente (Computer security incident response team: CSIRT) che hanno il compito di trattare gli incidenti, cioè gli eventi che pregiudicano la sicurezza delle reti e dei sistemi informativi (art. 9).

Inoltre la direttiva in esame prevede che sia istituito un gruppo di cooperazione, composto da rappresentanti degli Stati membri, della Commissione europea e dell'Agenzia europea per al sicurezza delle reti e dell'informazione e avente il compito di agevolare lo scambio di informazioni tra gli Stati membri (art. 11), nonché una rete di CSIRT (art. 12).

2. La legislazione italiana sulla sicurezza informatica

In Italia sono stati adottati nell'ultimo decennio numerosi atti legislativi riguardo alla sicurezza informatica, dato che l'informatizzazione è molto diffusa non solo presso i soggetti privati, ma anche negli enti pubblici (riguardo a cui è stato adottato il Codice dell'amministrazione digitale: d.lgs. n. 82/2005).

Anzitutto la legge n. 133/2012 ha modificato la legge n. 124/2007, sul sistema di informazione per la sicurezza della Repubblica (esaminata nel Cap. III), introducendo previsioni che attribuiscono alcune specifiche competenze per la tutela della sicurezza informatica agli organi competenti a garantire la sicurezza nazionale.

La legge n. 124 novellata prevede che il Presidente del Consiglio dei ministri, sentito il Comitato interministeriale per la sicurezza della Repubblica, impartisce al Dipartimento delle informazioni per la sicurezza e ai Servizi di informazione per la sicurezza direttive al fine di "rafforzare le attività di informazione per la protezione delle infrastrutture critiche materiali e immateriali, con particolare riguardo alla protezione cibernetica e alla sicurezza informatica nazionali" (art. 1, comma 3-bis).

Nella medesima legge è previsto che il Dipartimento delle informazioni per la sicurezza, attenendosi alle direttive del Presidente del Consiglio sopra menzionate e sulla base dei dati acquisiti dai servizi di informazione per la sicurezza, "coordina le attività di ricerca informativa finalizzate a rafforzare la protezione cibernetica e la sicurezza informatica nazionali" (art. 4, comma 3, lett. d-bis).

La legge in esame stabilisce altresì che alla relazione, trasmessa annualmente dal Governo al Parlamento, sulla politica dell'informazione per la sicurezza "è allegato il documento di sicurezza nazionale, concernente le attività relative alla protezione delle infrastrutture critiche materiali e immateriali nonché alla protezione cibernetica e alla sicurezza informatica" (art. 38, comma 1-bis).

Oltre alla legge n. 133/2012, che tratta della sicurezza informatica solo laddove attribuisce funzioni che la riguardano agli organi competenti a garantire la sicurezza nazionale, nell'ultimo decennio sono stati adottati quattro atti legislativi dedicati interamente alla sicurezza informatica sotto vari profili.

Dello stesso anno rispetto alla legge novellatrice della legge n. 124 suddetta, anzi di qualche mese precedente, è il d.-l. n. 21/2012, convertito in legge n. 56/2012 e successivamente modificato, c.d. "**decreto-legge poteri speciali**", che concerne un aspetto molto delicato: esso disciplina i cosiddetti poteri speciali sugli assetti societari nei settori della difesa e della sicurezza nazionale e le attività di rilevanza strategica nei settori dell'energia, dei trasporti e delle comunicazioni.

Tale atto conferisce, a proposito della tematica summenzionata, rilevanti poteri all'esecutivo ed in particolare al Presidente del Consiglio.

Riguardo ai settori della difesa e sicurezza, esso anzitutto prevede che con decreto del Presidente del Consiglio, su proposta rispettivamente del Ministro della difesa e di quello dell'interno, di concerto con gli altri ministri ivi menzionati, previa comunicazione alle commissioni parlamentari competenti per materia, siano individuate le attività di rilevanza strategica per il sistema di difesa e sicurezza nazionale, comprese le attività strategiche chiave (art. 1, comma 1); peraltro il decreto-legge in esame identifica direttamente come attività di rilevanza strategica per il sistema di difesa e sicurezza nazionale i servizi di comunicazione elettronica a banda larga basati sulla tecnologia 5G, precisando fra l'altro che riguardo a tali servizi dev'essere attentamente valutata la "presenza di fattori di vulnerabilità" i quali potrebbero "compromettere l'integrità e la sicurezza delle reti e dei dati che vi transitano" (art. 1-bis).

Inoltre il d.-l. n. 21/2012 stabilisce che in relazione alle suddette attività di rilevanza strategica, con decreto del Presidente del Consiglio, previa deliberazione del Consiglio dei ministri, da trasmettere alle commissioni parlamentari competenti, "in caso di minaccia di grave pregiudizio per gli interessi essenziali" della difesa e sicurezza nazionale possono essere esercitati i cosiddetti poteri speciali (c.d. *golden powers*) ossia:

– imposizione di specifiche condizioni sulla sicurezza degli approvvigionamenti e delle informazioni, sui trasferimenti tecnologici e sul controllo delle esportazioni nel caso di acquisto di partecipazioni in imprese svolgenti attività di rilevanza strategica per il sistema di difesa e sicurezza nazionale;
– veto all'adozione di delibere e atti riguardanti le vicende societarie delle imprese summenzionate;
– opposizione all'acquisto di partecipazioni in una delle suddette imprese da parte di un soggetto diverso dallo Stato italiano, da enti pubblici italiani o soggetti da essi controllati, qualora l'acquirente ottenga una partecipazione al capitale con diritto di voto in misura suscettibile di compromettere gli interessi della difesa e sicurezza nazionale (art. 1, comma 1).

Per valutare la sussistenza della minaccia di un grave pregiudizio agli interessi essenziali della difesa e della sicurezza nazionale il Governo verifica tra l'altro se i suddetti atti e operazioni ledano "la sicurezza delle informazioni relative alla difesa militare, gli interessi internazionali dello Stato, la protezione del territorio nazionale, delle infrastrutture critiche e strategiche e delle frontiere" (art. 1, comma 2).

Riguardo ai settori dell'energia, dei trasporti e delle comunicazioni, il d.-l. n. 21/2012 anzitutto prevede che con decreto del Presidente del Consiglio, su proposta dei Ministri dell'economia, dello sviluppo economico e delle infrastrutture di concerto con gli altri ministri menzionati, previo parere delle commissioni parlamentari competenti, siano individuati gli impianti, le reti, i beni e i rapporti di rilevanza strategica per l'interesse nazionale nei suddetti settori, nonché sono indicati "ai fini della verifica sulla sussistenza di un pericolo per la sicurezza e l'ordine pubblico" i beni e i rapporti di rilevanza strategica per l'interesse nazionale ulteriori rispetto ai summenzionati. Gli atti adottati dalle imprese operanti nei tre settori suddetti devono essere notificati alla Presidenza del Consiglio dei ministri: su tali atti può essere apposto il veto con decreto del Presidente del Consiglio previa deliberazione del Consiglio dei ministri, da trasmettere alle commissioni parlamentari competenti, se gli atti summenzionati comportano una "minaccia di grave pregiudizio per gli interessi pubblici relativi alla sicurezza e al funzionamento delle reti e degli impianti e alla continuità degli approvvigionamenti" (art. 2).

Infine è previsto che, entro il 30 giugno di ogni anno, il Presidente del Consiglio trasmette alle Camere una relazione sull'esercizio dei poteri speciali "con particolare riferimento ai casi specifici e agli interessi pubblici che hanno motivato l'esercizio di tali poteri" (art. 3-bis).

Qualche anno dopo l'approvazione della suddetta disciplina è stato adottato il d.lgs. n. 65/2018 c.d. "**decreto legislativo NIS**", che dà attuazione della Direttiva UE 2016/1148 cui si è fatto cenno alla fine del paragrafo precedente. Tale decreto:

– prevede che sia adottata dal Presidente del Consiglio, sentito il Comitato interministeriale per la sicurezza della Repubblica, la strategia nazionale di sicurezza cibernetica che indica fra l'altro gli obiettivi e le priorità per garantire la sicurezza delle reti e dei sistemi informativi, gli organi competenti a perseguire tali obiettivi ed elabora un piano di valutazione dei rischi (art. 6);

– individua quali Autorità competenti NIS i Ministeri dello sviluppo economico, delle infrastrutture e dei trasporti, dell'economia e delle finanze, della salute, dell'ambiente, per i settori e sottosettori specificamente indicati, nonché designa come punto di contatto unico in materia di sicurezza delle reti e dei sistemi informativi il Dipartimento delle informazioni per la sicurezza istituito presso la Presidenza del Consiglio dei ministri (art. 7);

– qualifica come autorità di contrasto l'organo, di cui all'art. 7-bis d.-l. n. 144/2005 convertito in legge n. 155/2005, istituito presso il Ministero dell'interno e avente competenza riguardo alla sicurezza e alla regolarità dei servizi di telecomunicazione (art. 3, comma 1, lett. d));

– istituisce, presso il Dipartimento delle informazioni per la sicurezza della Presidenza del Consiglio dei ministri, il gruppo di intervento per la sicurezza informatica in caso di incidente, c.d. CSIRT italiano (art. 8), al quale gli operatori di servizi essenziali notificano gli incidenti che hanno un impatto rilevante sulla continuità dei servizi, valutato in base al numero degli utenti interessati, alla durata dell'incidente e all'ampiezza dell'area geografica coinvolta (art. 12).

Ancora più recente è il d.-l. n. 105/2019 convertito in legge n. 133/2019 che disciplina il perimetro di sicurezza nazionale cibernetica, c.d. "**decreto-legge perimetro**".

Il lunghissimo art. 1 del decreto-legge istituisce e disciplina ampiamente il perimetro di sicurezza nazionale cibernetica per "assicurare un livello elevato di sicurezza delle reti, dei sistemi informativi e dei servizi informatici ... da cui dipende l'esercizio di una funzione essenziale dello Stato ovvero la prestazione di un servizio essenziale per ... attività civili, sociali ed economiche fondamentali per gli interessi dello Stato e dal cui malfunzionamento ... possa derivare un pregiudizio per la sicurezza nazionale" (comma 1).

Con decreto del Presidente del Consiglio, su proposta del Comitato interministeriale per la sicurezza della Repubblica, sono definiti:

– i criteri per individuare le amministrazioni pubbliche, gli enti e operatori pubblici e privati (che esercitano le suddette funzioni o prestano i suddetti servizi) da includere nel perimetro di sicurezza nazionale cibernetica: l'individuazione deve essere effettuata sulla base di due caratteri, l'essenzialità della funzione o del servizio da esercitare e la dipendenza dello svolgimento dell'una o dell'altro dalle reti e dai sistemi informativi, e secondo il principio di gradualità riguardante l'entità del pregiudizio che il malfunzionamento delle reti e dei sistemi informativi può provocare alla sicurezza nazionale;

– i criteri con cui i soggetti summenzionati predispongono, e aggiornano con cadenza almeno annuale, un elenco delle reti, dei sistemi informativi e dei servizi informatici di rispettiva competenza (comma 2).

I soggetti inclusi, a seguito della suddetta individuazione, nel perimetro di sicurezza nazionale cibernetica sono elencati in un atto amministrativo, adottato dal Presidente del Consiglio su proposta del Comitato interministeriale per la sicurezza della Repubblica: ad ogni soggetto compreso nell'elenco viene comunicata separatamente l'avvenuta iscrizione nell'elenco, mentre l'atto elencante i soggetti inclusi non viene pubblicato e sul medesimo non può essere esercitato il diritto di accesso (comma 2-bis), ma il medesimo viene trasmesso al Comitato parlamentare per la sicurezza della Repubblica (comma 4-ter).

Al fine di prevenire problemi di sicurezza sulle reti, i soggetti inclusi nel perimetro di sicurezza nazionale cibernetica che intendano procedere all'affidamento di forniture di beni e servizi destinati ad essere impiegati sulle reti, devono darne comunicazione al Centro di valutazione e certificazione nazionale CVCN, istituito presso il Ministero dello sviluppo economico: questo Centro può effettuare verifiche preliminari e imporre condizioni e test di *hardware* e di *software* (comma 6, lett. a)).

I soggetti inclusi nel perimetro di sicurezza nazionale cibernetica notificano gli incidenti aventi impatto su reti, sistemi informativi e servizi informatici al CSIRT italiano, che invia le notifiche al Dipartimento delle informazioni per la sicurezza, il quale a sua volta le trasmette alla Presidenza del Consiglio o al Ministro per lo sviluppo economico a seconda se effettuate da un soggetto pubblico o privato (comma 3, lett. a)).

Inoltre il d.-l. n. 105/2019 prevede l'ipotesi che si verifichi una crisi di natura cibernetica: qualora sussista un "rischio grave e imminente per la sicurezza nazionale connesso alla vulnerabilità" di reti, servizi informativi e sistemi informatici, il Presidente del Consiglio, su deliberazione del Comitato interministeriale per la sicurezza della Repubblica, può "ove indispensabile e per il tempo strettamente necessario alla eliminazione dello specifico fattore di rischio" disporre la disattivazione totale o parziale di uno o più apparati impiegati nelle reti; delle misure adottate nell'ipotesi di crisi cibernetica il Presidente del Consiglio informa entro trenta giorni il Comitato parlamentare per la sicurezza della Repubblica (art. 5).

Da ultimo occorre considerare il d.-l. n. 82/2021, convertito in legge n. 109/2021, recante disposizioni urgenti in materia di sicurezza informatica: c.d. "**decreto-legge cybersicurezza**".

Anzitutto esso definisce la cybersicurezza come "insieme delle attività ... necessarie per proteggere dalle minacce informatiche reti, sistemi informativi, servizi informatici e comunicazioni elettroniche, assicurandone la disponibilità, la confidenzialità e l'integrità e garantendone la resilienza, anche ai fini della tutela della sicurezza nazionale e dell'interesse nazionale nello spazio cibernetico" (art. 1, comma 1, lett. a)). Il decreto-legge in esame è significativo anche dal punto di vista terminologico perché codifica in un testo normativo – linguisticamente in maniera non del tutto felice – l'espressione "cybersicurezza" (la quale fonde un vocabolo inglese e uno italiano): fra l'altro dispone che essa sostituisca l'espressione "sicurezza cibernetica" utilizzata nel decreto legislativo NIS (art. 15).

Inoltre il d.-l. n. 82/2021 delinea la *governance* del settore della cybersicurezza, imperniata – al pari della sicurezza della Repubblica – sul potere esecutivo; tale decreto peraltro modifica alcune competenze previste dagli atti legislativi sopra illustrati, nel senso di trasferire a figure da esso medesimo istituite (Comitato interministeriale per la cybersicurezza e Agenzia per la cybersicurezza nazionale, di cui si dirà nel prosieguo) alcuni compiti precedentemente demandati ad articolazioni dell'apparato governativo che si occupa di sicurezza della Repubblica (Comitato interministeriale per la sicurezza della Repubblica, Dipartimento delle informazioni per la sicurezza), al fine di sgravare tale apparato da attività aventi carattere specifico e assai tecnico.

Il decreto in esame attribuisce al Presidente del Consiglio dei ministri in via esclusiva l'alta direzione e la responsabilità generale delle politiche di cybersicurezza, l'adozione della strategia nazionale di cybersicurezza, la nomina e revoca del direttore e del vicedirettore generali dell'Agenzia per la cybersicurezza (art. 2): tali funzioni non sono delegabili all'Autorità delegata prevista dalla legge n. 124/2007, ove istituita, cui invece il Presidente del Consiglio può delegare tutte le altre funzioni conferitegli dal decreto-legge in esame (art. 3).

Esso istituisce presso la Presidenza del Consiglio il Comitato interministeriale per la cybersicurezza (CIC): esso è presieduto dal Presidente del Consiglio e formato dall'Autorità delegata, ove istituita, e dai Ministri degli esteri, dell'interno, della giustizia, della difesa, dell'economia, dello sviluppo economico, della transizione ecologica, dell'università, dell'innovazione tecnologica e delle infrastrutture; il CIC svolge molte funzioni tra cui quelle attribuite dal d.-l. n. 105/2019 al Comitato interministeriale per la sicurezza della Repubblica e soprattutto esercita l'alta sorveglianza sull'attuazione della strategia nazionale di cybersicurezza (art. 4).

Il d.-l. n. 82/2021 istituisce l'Agenzia per la cybersicurezza nazionale avente personalità giuridica di diritto pubblico e autonomia regolamentare, organizzativa e contabile (art. 5); il direttore generale e il vicedirettore generale sono nominati e revocabili dal Presidente del Consiglio, previa deliberazione del Consiglio dei ministri e dopo aver informato il Comitato parlamentare per la sicurezza della Repubblica e le commissioni parlamentari competenti (art. 2); tale Agenzia, in qualità di Autorità nazionale per la cybersicurezza, assicura il coordinamento tra i soggetti pubblici aventi competenze in materia e promuove l'adozione di misure comuni, è punto di contatto unico in materia di sicurezza delle reti e dei sistemi informativi, in particolare assume le funzioni in materia di cybersicurezza già spettanti al Ministero dello sviluppo economico, esercita le competenze riguardo al perimetro di sicurezza nazionale cibernetica attribuite alla Presidenza del Consiglio dei ministri e assume le funzioni demandate dal decreto-legge perimetro al Dipartimento delle informazioni per la sicurezza DIS (art. 7).

Presso la suddetta Agenzia è istituito il Nucleo per la cybersicurezza: esso è presieduto dal direttore generale dell'Agenzia e composto dal consigliere militare del Presidente del Consiglio, da un rappresentante rispettivamente del DIS, dell'AISE, dell'AISI, di ciascuno dei ministri rappresentati nel Comitato interministeriale per la cybersicurezza e del Dipartimento della protezione civile (art. 8); il Nucleo ha numerose competenze, ad esempio può presentare proposte di iniziative in materia di cybersicurezza, promuove la programmazione e la pianificazione operative, coordina lo svolgimento di esercitazioni qualora vengano simulati eventi di natura cibernetica (art. 9) e soprattutto ha un ruolo essenziale nella gestione delle crisi coinvolgenti aspetti di cybersicurezza (art. 10).

Riguardo alla cybersicurezza il Parlamento ha un ruolo meno rilevante rispetto all'esecutivo, anche se sono previsti alcuni obblighi di quest'ultimo di riferire alle Assemblee parlamentari o ad articolazioni interne ad esse:

– il Presidente del Consiglio informa preventivamente il Comitato parlamentare per la sicurezza della Repubblica e le commissioni parlamentari competenti circa le nomine del direttore generale e del vicedirettore generale dell'Agenzia per la cybersicurezza (art. 2, comma 3);

– il decreto del Presidente del Consiglio con cui è adottato il regolamento sull'organizzazione e sul funzionamento della suddetta Agenzia dev'essere preceduto dai pareri delle Commissioni parlamentari competenti per materia e, circa i profili di competenza, del Comitato parlamentare per la sicurezza della Repubblica (art. 6, comma 3);

– riguardo all'attività svolta dall'Agenzia per la cybersicurezza nell'anno precedente in materia di cybersicurezza nazionale, il Presidente del Consiglio trasmette una relazione annuale entro il 30 aprile al Parlamento ed entro il 30 giugno al Comitato parlamentare per la sicurezza della Repubblica per gli aspetti di competenza di quest'ultimo (art. 14).

3. Gli atti attuativi della legislazione italiana sulla sicurezza informatica

Alla legislazione sulla sicurezza informatica hanno fatto seguito numerosi decreti di attuazione.

Anzitutto si illustrano gli atti attuativi della legge n. 124/2007 come modificata in particolare dalla legge n. 133/2012 (v. inizi del paragrafo precedente).

In attuazione dell'art. 1, comma 3-bis, legge n. 124/2007 sono state adottate varie direttive tra cui la più recente è quella contenuta nel d.P.C.M. 17 febbraio 2017 "Direttiva recante indirizzi per la protezione cibernetica e la sicurezza informatica nazionali" che delinea "l'architettura istituzionale" cioè l'insieme degli organi competenti alla tutela della sicurezza nazionale relativamente alle infrastrutture critiche materiali e immateriali.

In attuazione dell'art. 3, comma 1, lett. a), della Direttiva summenzionata è stato approvato il d.P.C.M. 31 marzo 2017 contenente il "Piano nazionale per la protezione cibernetica e la sicurezza informatica", che delinea undici indirizzi operativi.

In attuazione dell'art. 38, comma 1-bis, legge n. 124/2007 alla Relazione annuale sulla politica dell'informazione per la sicurezza il Governo allega il Documento di sicurezza nazionale: la Relazione annuale del 2022 relativa al 2021 (menzionata nel Cap. III) – oltre a riportare nella parte "Minaccia cyber" alcuni dati come l'incremento degli attacchi specialmente nei confronti di soggetti pubblici – contiene in allegato il Documento di sicurezza nazionale, che descrive la gestione delle situazioni di crisi cibernetica e l'attività dello CSIRT italiano.

Inoltre al d.-l. n. 21/2012 è stata data attuazione con:

– il d.P.R. 25 marzo 2014, n. 85 "Regolamento per l'individuazione degli attivi di rilevanza strategica nei settori dell'energia, dei trasporti e delle comunicazioni";

– il d.P.R. 25 marzo 2014, n. 86 "Regolamento per l'individuazione delle procedure per l'attivazione dei poteri speciali nei settori dell'energia, dei trasporti e delle comunicazioni".

Passando ad illustrare il seguito dato ai decreti-legge più recenti, ricordiamo che per dare attuazione al d.-l. n. 105/2019 (menzionato nella seconda parte del paragrafo che precede) è stato adottato il d.P.C.M. 30 luglio 2020, n.

131 "Regolamento in materia di perimetro di sicurezza nazionale cibernetica ...".

Esso fissa i criteri per individuare i soggetti inclusi nel perimetro summenzionato:

– per soggetto esercitante una funzione essenziale dello Stato s'intende un soggetto a cui l'ordinamento attribuisca "compiti rivolti ad assicurare la continuità dell'azione di Governo e degli Organi costituzionali, la sicurezza interna ed esterna e la difesa dello Stato, le relazioni internazionali, la sicurezza e l'ordine pubblico, l'amministrazione della giustizia, la funzionalità dei sistemi economico e finanziario e dei trasporti";

– per soggetto pubblico o privato che presta un servizio essenziale per attività fondamentali s'intende un soggetto che ponga in essere: "attività strumentali all'esercizio di funzioni essenziali dello Stato; attività necessarie per l'esercizio e il godimento dei diritti fondamentali; attività necessarie per la continuità degli approvvigionamenti e l'efficienza delle infrastrutture e della logistica; attività di ricerca e attività relative alle realtà produttive nel campo dell'alta tecnologia e in ogni altro settore, ove presentino rilievo economico e sociale, anche ai fini della garanzia dell'autonomia strategica nazionale, della competitività e dello sviluppo del sistema economico nazionale" (art. 2).

Il suddetto d.P.C.M. poi specifica i settori ove operano i soggetti inclusi nel perimetro di sicurezza nazionale cibernetica che sono, oltre al settore governativo, i seguenti settori: interno, difesa, spazio e aerospazio, energia, telecomunicazioni, economia e finanza, trasporti, servizi digitali, tecnologie critiche, enti previdenziali/lavoro; per ogni settore vengono indicate le amministrazioni competenti ad espletare le relative attività di individuazione ed elencazione dei soggetti inclusi nel perimetro (art. 3).

Infine al d.-l. n. 82/2021 (menzionato alla fine del paragrafo precedente) è stata data attuazione con tre decreti del Presidente del Consiglio che disciplinano vari aspetti dell'Agenzia per la cybersicurezza nazionale (ACN) istituita dal suddetto decreto-legge:

– d.P.C.M. 9 dicembre 2021, n. 222 "Regolamento di contabilità dell'Agenzia per la cybersicurezza nazionale";
– d.P.C.M. 9 dicembre 2021, n. 223 "Regolamento di organizzazione e funzionamento dell'Agenzia per la cybersicurezza nazionale";
– d.P.C.M. 9 dicembre 2021, n. 224 "Regolamento del personale dell'Agenzia per la cybersicurezza nazionale".

Inoltre merita ricordare che il 27 gennaio 2022 è stato firmato un protocollo d'intesa, di durata biennale salvo tacito rinnovo, fra l'Agenzia per la cybersicurezza nazionale e il Garante per la protezione dei dati personali per avviare la collaborazione reciproca, che risulta molto importante per la *governance* del settore digitale.

Come dimostrano gli atti ora citati e i testi legislativi dell'ultimo decennio illustrati nel paragrafo precedente, la disciplina sulla cybersicurezza è in continua evoluzione, anche perché deve tener conto, per un verso, del rapido grado di obsolescenza degli strumenti informatici e, per altro verso, della crescente rilevanza che la suddetta forma di sicurezza assume per gli interessi del Paese.

Riferimenti bibliografici

BRUNO B., *Cybersecurity tra lrìegislazioni, interessi nazionali e mercato: il complesso equilibrio tra velocità, competitività e diritti individuali*, in www.federalismi.it, n. 14/2020.

CONTALDO A.-MULA D. (a cura di), *Cybersecurity law. Disciplina italiana ed europea della sicurezza cibernetica anche alla luce delle norme tecniche*, Pacini Giuridica, 2020.

DE LUCA V.-TERZI DI SANT'AGATA G.-VOCE F. (a cura di), *Il ruolo dell'Italia nella sicurezza cibernetica. Minacce, sfide e opportunità*, Franco Angeli, 2018.

Capitolo VIII

LA SICUREZZA SANITARIA

1. La sicurezza delle cure per le persone malate

Dopo aver esaminato diffusamente le accezioni della sicurezza pubblica di cui ai capitoli precedenti, si prenderanno in esame più sinteticamente in questo Capitolo e nel successivo due ulteriori accezioni della sicurezza, quella sanitaria e quella ambientale, la cui analisi dettagliata rientra nelle materie diritto sanitario e diritto dell'ambiente.

La sicurezza sanitaria può essere esaminata sotto almeno tre distinti – sebbene correlati – profili: la sicurezza nella cura delle malattie, la sicurezza nella prevenzione delle medesime e la sicurezza di coloro che professionalmente prestano le cure ai malati cioè del personale sanitario: queste tematiche, illustrate nel presente paragrafo e nei due seguenti, sono state disciplinate specificamente in atti legislativi degli ultimi anni.

Riguardo anzitutto alla sicurezza nella cura delle malattie, è intervenuta la legge n. 24/2017 "Disposizioni in materia di sicurezza delle cure e della persona assistita ..." (c.d. legge Gelli-Bianco, dal nome dei parlamentari proponenti) che la disciplina come aspetto peculiare del diritto costituzionalmente sancito alla salute (art. 32 Cost.).

La sicurezza delle cure è definita "parte costitutiva del diritto alla salute" da perseguirsi nell'interesse dell'individui e della collettività, mediante attività "finalizzate alla prevenzione e alla gestione del rischio connesso all'erogazione di prestazioni sanitarie" (art. 1).

La legge attribuisce le funzioni di garante per il diritto alla salute al Difensore civico regionale o provinciale, cui può rivolgersi gratuitamente il destinatario di prestazioni sanitarie per segnalare disfunzioni del sistema sanitario, e prevede l'istituzione, a livello regionale, del "Centro per la gestione del rischio sanitario e la sicurezza del paziente" (art. 2); inoltre è prevista l'istituzione, presso l'Agenzia nazionale per i servizi sanitari regionali (AGENAS), dell'Osservatorio nazionale delle buone pratiche sulla sicurezza nella sanità, che raccoglie i dati (sui rischi e sugli eventi avversi) trasmessi dai centri regionali per la gestione del rischio sanitario, nonché individua misure per la prevenzione e la gestione del rischio sanitario, avvalendosi del Sistema informativo per il monitoraggio degli errori in sanità (SIMES): sull'attività del suddetto Osservatorio il Ministro della salute trasmette ogni anno una relazione alle Camere (art. 3).

La legge n. 24/2017 inoltre sancisce che, per minimizzare i rischi, gli esercenti le professioni sanitarie devono attenersi, salvo specificità del caso concreto, alle raccomandazioni contenute nelle linee guida previste dalla legge; tuttavia, in mancanza di queste, gli esercenti le professioni sanitarie devono seguire le buone pratiche clinico-assistenziali (art. 5).

La suddetta legge dispone riguardo alle responsabilità, penale e civile, degli esercenti le professioni sanitarie: in particolare riguardo al primo tipo di responsabilità, la legge, introducendo nel Codice penale l'art. 590-sexies, prevede la responsabilità colposa dei sanitari per morte o lesioni personali del malato, ma stabilisce che, qualora l'evento si sia verificato a causa di imperizia, la punibilità è esclusa quando sono state rispettate le raccomandazioni contenute nelle linee guida suddette (art. 6).

Durante il dibattito parlamentare relativo alla conversione in legge del d.-l. n. 18/2020 "Misure di potenziamento del Servizio sanitario nazionale e di sostegno economico per famiglie, lavoratori e imprese connesse all'emergenza epidemiologica da COVID-19", era stato presentato un emendamento volto a prevedere la punibilità dei sanitari solo per colpa grave, precisando che la gravità della colpa doveva essere valutata "tenendo in considerazione anche la situazione organizzativa e logistica della struttura in relazione alla novità ed eccezionalità del contesto emergenziale, al numero dei pazienti su cui è necessario intervenire e alla gravità delle loro condizioni", ma tale emendamento non è stato approvato.

Riguardo alla responsabilità civile, la legge n. 24/2017 la riferisce anche alla struttura presso cui l'esercente opera, la quale deve stipulare apposita assicurazione a tal fine (art. 10), anche se sussiste presso il Ministero della sanità un apposito Fondo di garanzia per i danni derivanti da responsabilità sanitaria (art. 14).

La legge n. 24/2017 è significativa perché ha arricchito il diritto alla salute con il profilo della sicurezza delle cure che assume un'autonoma configurazione, mentre in precedenza era assorbito nella – nel più ampio carattere della – appropriatezza delle medesime; la legge riferisce la sicurezza non solo alle cure, ma in generale alle prestazioni sanitarie, prevedendo accorgimenti volti a prevenire o mitigare il rischio clinico di esse.

Dello stesso anno della legge summenzionata è la legge n. 219/2017 su consenso informato e disposizioni anticipate di trattamento la quale, pur non riguardando direttamente la sicurezza delle cure, accenna implicitamente a quest'ultima nell'art. 1, comma 3, in base a cui ogni persona ha diritto ad essere informata "riguardo … ai rischi degli accertamenti sanitari e dei trattamenti sanitari" che le sono proposti.

Nella disamina sulla sicurezza delle cure per le persone malate rientra anche la problematica della sperimentazione di nuove cure, che presentano profili di rischio più elevati di quelli connessi a cure già sperimentate.

Al riguardo la legge n. 3/2018 "Delega al Governo in materia di sperimentazione clinica di medicinali …" ha previsto alcuni rilevanti principi come l'individuazione di modalità per tutelare l'indipendenza della sperimentazione clinica e garantire l'assenza di conflitti di interesse e la definizione delle procedure per autorizzare la sperimentazione clinica realizzando il coinvolgimento delle associazioni dei pazienti soprattutto in caso di malattie rare.

In particolare rilevano due profili della sperimentazione: il nesso con le problematiche di bioetica e il nesso con la medicina di genere.

Sotto il primo profilo, occorre sottolineare che la sperimentazione, avendo margini talvolta abbastanza elevati di rischio, suscita inevitabili interrogativi di bioetica: la suddetta legge ha previsto i comitati etici territoriali (al massimo quaranta) individuati con decreto del Ministro della salute previa intesa con la Conferenza Stato-Regioni e i comitati etici a valenza nazionale (al massimo tre) sempre individuati dal Ministro della salute, che sono competenti a valutare le sperimentazioni cliniche sui dispositivi medici e medicinali per uso umano indicati specificamente dalla legge; la legge prevede inoltre l'istituzione, presso l'Agenzia italiana del farmaco (AIFA), del centro di coordinamento nazionale dei comitati etici territoriali (art. 2, rispettivamente commi 7, 9, 10 e 1).

Sotto il secondo profilo, si deve tener conto che la sperimentazione ha, o meglio può avere, effetti diversi a seconda del sesso del malato: la legge n. 24/2017 ha introdotto la medicina di genere: il Ministro della salute predispone un "piano volto alla diffusione della medicina di genere mediante divulgazione, formazione e indicazione di pratiche sanitarie che nella ricerca, nella prevenzione, nella diagnosi e nella cura tengano conto delle differenze derivanti dal genere, al fine di garantire la qualità e l'appropriatezza delle prestazioni erogate dal Servizio sanitario nazionale in modo omeogeno sul territorio nazionale" (art. 3).

La delega contenuta nella legge n. 3/2018 è stata attuata con d.lgs. n. 52/2019.

2. La sicurezza nella prevenzione delle malattie, in particolare la sicurezza vaccinale

Passando all'altra accezione di sicurezza sanitaria cioè la sicurezza nella prevenzione delle malattie, rileviamo che attività preventive come la corretta alimentazione o l'igiene dei luoghi di lavoro presentano profili attinenti alla sicurezza (il consumo di alimenti non sicuri può dar luogo a problemi sanitari, lo scarso livello di igiene dei luoghi di lavoro può provocare danni alla salute): riguardo alla sicurezza alimentare e a quella degli ambienti di lavoro si fa rinvio al Cap. seguente.

La forma più significativa di prevenzione delle malattie è l'uso dei vaccini volti ad impedire che esse insorgano: a proposito di tale forma si pone in misura assai significativa il problema della sicurezza (sicurezza vaccinale); occorre però distinguere i vaccini praticati già da molto tempo e i vaccini di recente introduzione, come quelli contro il COVID.

Riguardo ai primi, si tratta di vaccini introdotti già da decenni (la vaccinazione antidifterica era stata resa obbligatoria dalla legge n. 891/1939, quelle antitetanica e antipoliomielitica rispettivamente dalle leggi nn. 292/1963 e 51/1966) per prevenire malattie che, grazie appunto alla vaccinazione, sono ormai scomparse per cui il loro grado di sicurezza vaccinale risulta molto elevato: tuttavia non si possono escludere reazioni avverse ed invero già la legge n. 210/1992 "Indennizzo a favore dei soggetti danneggiati da complicanze di tipo irreversibile a causa di vaccinazioni obbligatorie ..." ha previsto il diritto all'indennizzo di chiunque abbia riportato, a causa di una vaccinazione obbligatoria per legge o per ordinanza di un'autorità sanitaria italiana, lesioni o infermità da cui sia derivata una menomazione permanente della propria integrità psicofisica (art. 1, comma 1).

Questo disposto è stato oggetto di varie sentenze della Corte costituzionale che hanno dichiarato la incostituzionalità della mancata previsione dell'indennizzo per coloro che avessero riportato lesioni o infermità permanenti a causa di alcuni tipi di vaccini, in ultimo (sent. n. 118/2020) a causa della vaccinazione contro il contagio del virus dell'epatite A.

Recentemente il d.-l. n. 73/2017 "Disposizioni urgenti in tema di prevenzione vaccinale" (c.d. decreto Lorenzin, dal nome dell'allora Ministro della salute) convertito in legge n. 119/2017 ha sancito, per i minori fino a sedici anni, l'obbligatorietà di dieci vaccini (anti-poliomielitica, anti-difterica, anti-tetanica, anti-epatite B, anti-pertosse, anti-*Haemophilus influenzae* tipo b, anti-morbillo, anti-rosolia, anti-parotite e anti-varicella) – mentre in precedenza erano obbligatori solo i primi quattro di quelli ora menzionati – e la raccomandata sottoponibilità ad altri vaccini (anti-meningococcica B, anti-meningococcica C, anti-pneumococcica, anti-*rotavirus*): tale previsione è finalizzata al "mantenimento di adeguate condizioni di sicurezza epidemiologica in termini di profilassi e di copertura vaccinale" (art. 1).

Il decreto-legge in esame inoltre prevede: da un lato, che l'avvenuta effettuazione dei suddetti dieci vaccini obbligatori deve essere documentata all'atto dell'iscrizione ai servizi educativi per l'infanzia e alle istituzioni del sistema nazionale di istruzione (art. 3); dall'altro lato, che il Ministero della salute, mediante la Direzione generale della vigilanza sugli enti e della sicurezza delle cure, definisce le procedure finalizzate al ristoro dei soggetti danneggiati da vaccinazioni obbligatorie (art. 5-ter) e prevede che si applica l'indennizzo previsto dalla legge n. 210/1992 summenzionata (art. 5-quater).

La Corte costituzionale con sent. n. 5/2018 ha respinto le censure di incostituzionalità della suddetta disciplina, riconoscendo al legislatore statale piena libertà di valutazione riguardo alla necessità di estendere l'obbligo vaccinale per prevenire la diffusione di malattie infettive a tutela della collettività.

Riguardo ai vaccini di recente introduzione come quelli contro il COVID-19, si era dubitato sulla loro sicurezza poiché, a causa dell'urgenza di affrontare la pandemia, sono stati sperimentati per un tempo minore a quello consueto per la sperimentazione dei vaccini tradizionali.

Per l'introduzione di tali vaccini nell'Unione europea è stata applicata la procedura della immissione in commercio condizionata (CMA *Conditional marketing authorisation*) prevista dai regolamenti CE 726/2004 e 507/2006 non solo per le situazioni di emergenza pandemica: tale procedura consente la rapida utilizzazione di medicinali, accelerando i tempi di svolgimento delle sperimentazioni, ma "fornendo un solido quadro per la sicurezza" come afferma il Consiglio di Stato nella sentenza citata nel prosieguo del paragrafo.

In realtà, anche tali vaccini presentano un alto grado di sicurezza, sebbene si siano verificati casi di reazioni avverse, che vengono comunque sottoposti a costante monitoraggio: l'AIFA ha promosso studi indipendenti successivi all'autorizzazione per verificare le segnalazioni di reazioni avverse e trasmette report mensili e una relazione annuale su questa attività di farmacovigilanza.

Riguardo al vaccino anti-COVID si era discusso se introdurlo come obbligatorio o meno, ma tale obbligo dapprima è stato sancito per gli esercenti le professioni sanitarie e gli operatori di interesse sanitario dal d.-l. n. 44/2021, convertito in legge n. 76/2021 che ha espressamente motivato tale obbligo con la finalità di "mantenere adeguate condizioni di sicurezza nell'erogazione delle prestazioni di cure e assistenza" (art. 4).

Il Consiglio di Stato in sede giurisdizionale, sez. III, con sent. n. 7045/2021 respinge l'appello contro la sentenza del TAR Friuli-Venezia Giulia che aveva dichiarato inammissibile il ricorso collettivo presentato da alcuni sanitari contro gli atti delle ASL che avevano applicato nei loro confronti l'obbligo vaccinale sancito dal d.-l. n. 44/2021; in tale decisione il giudice ammnistrativo respinge l'argomento secondo cui "in assenza di una certezza *assoluta* offerta dalla scienza circa la sicurezza dei vaccini anche nel lungo periodo il legislatore dovrebbe lasciare … l'individuo libero di scegliere" se vaccinarsi o meno, poiché rileva non solo la sicurezza della cura prevista dalla legge n. 24/2017, ma anche la "sicurezza … di chi cura e del luogo in cui si cura".

Invece per i lavoratori pubblici e privati una obbligatorietà surrettizia del vaccino è stata prevista dal d.-l. n. 127/2021, convertito in legge n. 165/2021 il quale, al fine di "tutelare la salute e la sicurezza dei lavoratori nei luoghi di lavoro" stabilisce l'obbligo, per l'accesso alle sedi lavorative, di possedere ed esibire la certificazione verde COVID-19 c.d. *green pass* che si ottiene dopo aver ricevuto il vaccino (oltre che a seguito di guarigione dal COVID).

Successivamente l'obbligo vaccinale è stato sancito dal d.-l. n. 172/2021, convertito in legge n. 3/2022 per il personale della scuola, del comparto difesa, sicurezza e soccorso pubblico, della polizia locale ed è stato previsto dal d.-l. n. 1/2022, convertito in legge n. 18/2022, per coloro che abbiano compiuto il cinquantesimo anno di età e per il personale universitario e assimilato.

Nei primi tempi successivi alla somministrazione del vaccino anti-COVID si discusse riguardo alla indennizzabilità delle conseguenze avverse di esso e sembrò propendersi in senso negativo; in seguito l'estensione dell'obbligo vaccinale ha comportato l'indennizzabilità delle conseguenze sfavorevoli del vaccino contro il Covid, ai sensi della (più sopra menzionata) legge n. 210/1992; da ultimo siffatta indennizzabilità è stata legislativamente sancita dall'art. 20 d.-l. n. 4/2022 convertito in legge n. 25/2022 che ha aggiunto all'art. 1 della legge n. 210/1992 il comma 1-bis in base a cui l'indennizzo previsto al comma 1 "spetta anche a coloro che abbiano riportato lesioni o infermità, dalle quali sia derivata una menomazione permanente della integrità psico-fisica, a causa della vaccinazione anti Sars-CoV2 raccomandata dall'autorità sanitaria italiana".

3. La sicurezza degli esercenti le professioni sanitarie

L'ultima accezione di sicurezza sanitaria che illustriamo è la sicurezza delle persone che professionalmente prestano le cure ai malati ossia che esercitano le professioni sanitarie (medici e infermieri): gli esercenti le professioni sanitarie devono essere tutelati dagli attacchi (abbastanza frequenti negli ultimi tempi, come dimostrano vari episodi di cronaca) provenienti dai parenti dei malati su cui le cure non hanno prodotto effetti favorevoli.

Al riguardo è recentemente intervenuta la legge n. 113/2020 "Disposizioni in materia di sicurezza per gli esercenti le professioni sanitarie e sociosanitarie nell'esercizio delle loro funzioni".

Essa prevede l'istituzione di un Osservatorio nazionale sulla sicurezza degli esercenti le suddette professioni, che monitora gli episodi di violenza a carico di tali esercenti e formula proposte per ridurre i fattori di rischio negli ambienti più esposti a tali episodi (art. 1).

Inoltre la suddetta legge modifica l'art. 583-quater del Codice penale, nel senso di estendere le pene ivi previste alle ipotesi di reato consistenti in lesioni personali gravi o gravissime provocate agli esercenti le professioni sanitarie nell'esercizio o a causa delle loro funzioni, nonché l'art. 61 del Codice penale, nel senso di prevedere come circostanza aggravante l'aver agito, nei delitti commessi con violenza o minaccia, in danno degli esercenti le professioni sanitarie (artt. 4 e 5).

Infine vengono previsti alcuni interventi come la stipulazione di protocolli operativi con le forze di polizia per garantire il tempestivo intervento di esse in casi di episodi di aggressione o violenza a danno dei suddetti esercenti (art. 7) e l'istituzione di una Giornata nazionale di educazione e prevenzione contro la violenza nei confronti degli operatori sanitari e sociosanitari (art. 8).

Riferimenti bibliografici

CATELANI E.-MILAZZO P., *La tutela della salute nella nuova legge sulla responsabilità medica. Profili di diritto costituzionale e pubblico*, in *Le Istituzioni del Federalismo*, 2017, p. 595 ss.

D'AMICO M., *Pandemia Covid-19:* "da eroi a imputati"*, il personale medico e le sfide dell'emergenza sanitaria*, in www.dirittoesalute.org, n. 1/2021.

IANNUZZI A., *L'obbligatorietà delle vaccinazioni a giudizio della Corte costituzionale fra rispetto della discrezionalità del legislatore statale e valutazioni medico-statistiche*, in www.giurcost.org, n. 1/2018.

MORANA D., *Obblighi e raccomandazioni in tema di vaccinazioni, tra discrezionalità legislativa ed estensione del diritto all'equo indennizzo (in nota a Corte cost., sent. n. 118/2020)*, in www.osservatorioaic.it, n. 1/2021.

Capitolo IX
LA SICUREZZA AMBIENTALE

Sommario: 1. La sicurezza degli ambienti lavorativi e dei luoghi di produzione degli alimenti. – 2. La sicurezza dell'ambiente naturale. – Riferimenti bibliografici.

1. La sicurezza degli ambienti lavorativi e dei luoghi di produzione degli alimenti

L'ultima accezione della sicurezza presa in considerazione, che si illustrerà in maniera sintetica come quella considerata nel paragrafo precedente, è la sicurezza ambientale: essa può venir intesa come sicurezza di particolari ambienti (esaminata in questo paragrafo) e come sicurezza dell'ambiente naturale nella sua generalità (illustrata nel paragrafo seguente). Riguardo agli specifici ambienti nei quali dev'essere garantita la sicurezza, se ne illustreranno due: gli ambienti lavorativi e i luoghi di produzione degli alimenti.

Iniziando dalla sicurezza degli ambienti lavorativi, prendiamo in esame il d.lgs. n. 81/2008 "...tutela della salute e sicurezza nei luoghi di lavoro": si tratta di un decreto molto corposo (comprende più di trecento articoli, di cui se ne illustreranno solo alcuni) che disciplina la sicurezza degli ambienti lavorativi in stretta connessione con la garanzia della salute.

Tale decreto legislativo anzitutto definisce "sistema di promozione della salute e sicurezza" il complesso dei soggetti istituzionali che realizzano programmi di intervento volti a migliorare le condizioni di salute e sicurezza dei lavoratori (ma, per brevità, nel prosieguo talvolta si farà riferimento soltanto alla sicurezza): tali programmi comprendono la valutazione dettagliata dei rischi e l'individuazione di misure di prevenzione e protezione per innalzare i livelli di sicurezza; vengono inoltre definiti i concetti di pericolo, come "proprietà o qualità intrinseca di un determinato fattore avente il potenziale di causare danni", e di rischio, come "probabilità di raggiungimento del livello potenziale di danno nelle condizioni di impiego o di esposizione ad un determinato fattore o agente oppure alla loro combinazione" (art. 2).

Il suddetto decreto delinea l'apparato organizzativo competente ad attuare la promozione della sicurezza: presso il Ministero della salute viene istituito il Comitato per l'indirizzo e la valutazione delle politiche attive e per il coordinamento nazionale delle attività di vigilanza in materia di salute e sicurezza sul lavoro (art. 5); presso il Ministero del lavoro è istituita la Commissione consultiva permanente per la salute e la sicurezza sul lavoro (art. 6); fanno parte del suddetto apparato anche il Sistema informativo nazionale perla prevenzione nei luoghi di lavoro (art. 8) e gli enti pubblici nazionali competenti in materia di sicurezza sul lavoro cioè ISPESL, INAIL e IPSEMA (art. 9); alle attività finalizzate a garantire la sicurezza sul lavoro concorrono anche le Regioni.

Il d.lgs. n. 81/2008 delinea le misure generali di tutela della salute e sicurezza dei lavoratori nei luoghi di lavoro: la valutazione dei rischi; la programmazione; precisa i requisiti d sicurezza della prevenzione; l'eliminazione, o riduzione al minimo, dei rischi; la riduzione dei rischi alla fonte; la sostituzione di ciò che è pericoloso con ciò che non lo è; la limitazione del numero di lavoratori esposti al rischio; la regolare manutenzione degli impianti con particolare riguardo ai dispositivi di sicurezza (art. 15).

Il decreto indica gli obblighi del datore di lavoro riguardo alla sicurezza dei dipendenti (art. 18), ma anche gli obblighi degli stessi lavoratori (art. 20); prevede la creazione, presso ogni azienda di un servizio di prevenzione e protezione (artt. 31 ss.); individua la figura del rappresentante dei lavoratori per la sicurezza (art. 47); stabilisce i requisiti di sicurezza degli ambienti di lavoro (art. 63) e delle attrezzature di lavoro (art. 70), disciplina l'uso, da parte dei lavoratori, dei dispositivi di protezione individuale (art. 74); precisa i requisiti di sicurezza dei macchinari (art. 81). Inoltre il medesimo decreto disciplina i cantieri nei luoghi dove si svolgono lavori di edilizia, prevedendo che venga individuato un coordinatore in materia di sicurezza (art. 89) e redatto un piano operativo di sicurezza (art. 100); ancora disciplina la prevenzione degli infortuni sul lavoro nelle costruzioni (artt. 105 ss.).

Le suddette disposizioni sono apprezzabili, ma talvolta non vengono rispettate come dimostra l'alto numero di incidenti sul lavoro che ancor oggi si verificano.

Passando alla sicurezza dei luoghi di produzione e trasformazione degli alimenti, tratteggiamo brevemente tale sicurezza e soprattutto la conseguenza di essa, cioè la sicurezza alimentare, che è importante anche per la sicurezza sanitaria intesa come prevenzione delle malattie (Capitolo precedente, par. 2).

In materia anni fa è stato adottato il Regolamento CE 852/2004 che si propone l'obiettivo di "garantire un elevato livello di tutela dei consumatori con riguardo alla sicurezza degli alimenti … dal luogo di produzione … al punto di commercializzazione" (preambolo, punti 7 e 8) attraverso il cosiddetto sistema HACCP *Hazard Analysis Critical Control Point* (preambolo, punti 12 ss.): a tal fine il regolamento stabilisce obblighi per gli operatori del settore alimentare tra cui quello di far registrare gli stabilimenti ove si svolgono le fasi di produzione, trasformazione e distribuzione degli alimenti (artt. 3 ss.).

Pochi anni fa è intervenuto il Regolamento UE 2017/625 che disciplina più specificamente i controlli sull'applicazione della disciplina sugli alimenti, anziché dei luoghi di produzione di questi ultimi. Dato che si tratta di regolamenti dell'Unione europea, essi hanno diretta applicabilità all'interno degli Stati membri.

In materia l'Italia ha adottato due atti legislativi.

Il d.lgs. n. 27/2021 reca disposizioni per l'adeguamento della normativa nazionale al suddetto regolamento UE del 2017, in particolare: individua il Ministero della salute, le Regioni e le aziende sanitarie locali come autorità competenti a pianificare, eseguire e monitorare i controlli riguardo, fra l'altro, alla sicurezza alimentare (art. 1); prevede i controlli da svolgere sugli stabilimenti produttivi (art. 4) e le misure da adottare qualora si riscontrino non conformità (art. 5); demanda al Ministero della salute l'individuazione dei laboratori dove vengono svolti i controlli ufficiali (art. 9).

Poco dopo è intervenuto il d.-l. n. 42/2021 convertito in legge n. 71/2021, che modifica il d.lgs. n. 27 del medesimo anno nel senso di introdurre in esso, al fine di garantire la sicurezza dei consumatori, la previsione di sanzioni qualora siano violate le norme sulla produzione delle sostanze alimentari: il decreto n. 71 è utile perché ha impedito che le suddette norme rimanessero, in caso di inosservanza, prive di una disciplina sanzionatoria.

2. La sicurezza dell'ambiente naturale

Passando ad esaminare la sicurezza ambientale intesa come sicurezza dell'ambiente naturale, rileviamo che nella cospicua normativa riguardo a quest'ultimo sono assai numerosi i riferimenti specifici alla sicurezza del medesimo: in particolare si considerano i due atti fondamentali in materia cioè il Codice dell'ambiente e il Codice della protezione civile.

Riguardo al d.lgs n. 152/2006 "Norme in materia ambientale" c.d. Codice dell'ambiente, la sicurezza ambientale non è espressamente prevista nei primi articoli, ma deve ritenersi implicita nella finalità da esso perseguita: "la promozione dei livelli di qualità della vita umana, da realizzare attraverso la salvaguardia ed il miglioramento delle condizioni dell'ambiente" (art. 2); la sicurezza ambientale può altresì desumersi dai principi sanciti dal Codice fra cui il principio dello sviluppo sostenibile, in base a cui occorre "garantire che il soddisfacimento dei bisogni delle generazioni attuali non possa compromettere la qualità della vita e le possibilità delle generazioni future" (art. 3-quater).

Nei successivi articoli del Codice dell'ambiente – che disciplinano le procedure di valutazione ambientale strategica-VAS, valutazione d'impatto ambientale-VIA e autorizzazione integrata ambientale-AIA (capo II), la tutela del suolo e delle acque (capo III), la gestione dei rifiuti e bonifica dei siti inquinati (capo IV), la tutela dell'aria (capo V) e i danni ambientali (capo VI) – il vocabolo sicurezza è utilizzato oltre un centinaio di volte sotto vari profili:

– nella quasi totalità delle volte quale sicurezza negli aspetti tecnici, ad esempio: "standard di sicurezza" riguardo ai giacimenti di idrocarburi e "sicurezza degli impianti" (art. 6, comma 17); "messa in sicurezza" di installazioni (art. 29-sexies, comma 7) o di situazioni a rischio (art. 53, comma 1);

– alcune volte invece quale sicurezza pubblica in senso ampio, come nei disposti in base a cui la domanda di autorizzazione integrata ambientale indica le informazioni che non devono essere diffuse "per ragioni ... di pubblica sicurezza o di difesa nazionale" (art. 29-ter, comma 2 e similmente comma 14); nel disposto che menziona il mantenimento della "sicurezza umana" (art. 77, comma 10-bis, lett. b), n. 3); ancora nel disposto che attribuisce alle forze armate la "difesa e ... sicurezza militare dello Stato" e alle forze di polizia la "tutela dell'ordine e della sicurezza pubblica" (art. 188-bis, comma 2).

Riguardo al d.lgs. n. 1/2018 "Codice della protezione civile", la sicurezza non è menzionata nei primi articoli, ma è desumibile da essi laddove definiscono la protezione civile come insieme delle attività "volte a tutelare la vita, l'integrità fisica, i beni, gli insediamenti, gli animali e l'ambiente dai danni o dal pericolo di danni derivanti da eventi calamitosi di origine animale o derivanti dall'attività dell'uomo" (art. 1) ovvero delle attività "volte alla previsione, prevenzione e mitigazione dei rischi, alla gestione delle emergenze e al loro superamento" (art. 2).

Nel prosieguo del testo, che disciplina la struttura del Servizio nazionale della protezione civile – composto dal Presidente del Consiglio dei ministri, autorità nazionale di protezione civile (coadiuvato dal Dipartimento delle protezione civile) e dai Presidenti delle Regioni, dai sindaci e dai sindaci metropolitani, autorità territoriali di protezione civile (art. 3) – e le competenze di esso nel fronteggiare i vari tipi di eventi emergenziali, il riferimento alla sicurezza si trova poche volte:

– ora in senso tecnico, come nei disposti che menzionano la messa in sicurezza dei luoghi e degli impianti interessati dagli interventi di soccorso (art. 10, comma 2) ovvero del patrimonio culturale nelle emergenze derivanti da calamità naturali (art. 13, comma 1, lett. g-bis));

– ora in senso ampio, come nel disposto in base a cui le informazioni utili ai fini della protezione civile devono venire diffuse "ove non coperte da segreto di Stato, ovvero non attinenti all'ordine e alla sicurezza pubblica" (art. 4, comma 3).

La tematica della sicurezza ambientale ha assunto un rilievo notevole in relazione alla vicenda dello stabilimento siderurgico Ilva di Taranto, riguardo a cui sono state adottate numerose disposizioni legislative ed è intervenuta più volte la Corte costituzionale: per brevità ci si limita ad accennare solo a due tappe della vicenda, quelle maggiormente correlate alla suddetta sicurezza.

Anzitutto il d.-l. n. 207/2012 "Disposizioni urgenti a tutela della salute, dell'ambiente e dei livelli di occupazione in caso di crisi di stabilimenti industriali di interesse strategico nazionale", convertito in legge n. 231/2012, ha previsto che, presso gli stabilimenti di cui con decreto del Presidente del Consiglio sia riconosciuto l'interesse strategico nazionale e che occupino almeno duecento persone, l'attività d'impresa, qualora sia indispensabile per la salvaguardia dell'occupazione e della produzione, possa continuare per non oltre trentasei mesi anche se è stato disposto il sequestro giudiziario degli impianti, nel rispetto dell'autorizzazione integrata ambientale rilasciata per assicurare la più ampia tutela dell'ambiente e della salute (art. 1) ed inoltre ha individuato l'impianto siderurgico Ilva di Taranto come stabilimento d'interesse strategico nazionale, disponendo l'applicazione della suddetta disciplina ad esso (art. 3).

La Corte costituzionale con sent. n. 85/2013 ha escluso l'incostituzionalità delle suddette disposizioni, riconoscendo che esse realizzano un "ragionevole bilanciamento" tra i diritti "alla salute (art. 32 Cost.), da cui deriva il diritto all'ambiente salubre, e al lavoro (art. 4 Cost.), da cui deriva l'interesse costituzionalmente rilevante al mantenimento dei livelli occupazionali".

La Corte afferma che il diritto alla salute, anche se definito fondamentale dalla Costituzione, non può essere considerato preminente rispetto agli altri diritti della persona, altrimenti si verificherebbe "l'illimitata espansione di uno dei diritti, che diventerebbe «tiranno» nei confronti delle altre situazioni giuridiche costituzionalmente riconosciute e protette".

Il successivo d.-l. n. 92/2015, convertito in legge n. 132/2015, prevedeva che al fine di garantire il bilanciamento fra le esigenze di continuità dell'attività produttiva, salvaguardia dell'occupazione, sicurezza sul luogo di lavoro, salute e ambiente salubre, l'esercizio dell'attività degli stabilimenti d'interesse strategico nazionale non fosse impedito dal provvedimento di sequestro relativo ad ipotesi di reato inerenti alla sicurezza dei lavoratori (art. 3).

Al riguardo la Corte costituzionale è intervenuta esprimendosi in senso inverso che nella suddetta pronuncia: con sent. n. 58/2018 ha dichiarato la incostituzionalità di tale disposto in quanto non ha effettuato il bilanciamento degli interessi costituzionali coinvolti, trascurando le esigenze di tutela della sicurezza ed incolumità dei lavoratori.

Sulla vicenda dell'Ilva di Taranto è intervenuta altresì la Corte europea dei diritti dell'uomo, sez. I, con sentenza 24 gennaio 2019 a seguito del ricorso di oltre centottanta cittadini italiani, residenti a Taranto e dintorni, nei confronti dell'Italia accusata di non aver tutelato la loro salute e l'ambiente dall'inquinamento prodotto dall'Ilva: la Corte di Strasburgo, dopo aver ricostruito dettagliatamente la suddetta vicenda, ha riconosciuto la violazione di due articoli della Convenzione europea dei diritti dell'uomo, precisamente degli artt. 8 (diritto al rispetto della vita privata) e 13 (diritto ad un ricorso effettivo), e ha condannato lo Stato italiano al pagamento di una somma di denaro a ciascuno dei ricorrenti.

La tutela della sicurezza ambientale è diventata ancora più rilevante dopo l'entrata in vigore della legge cost. n. 1/2022, che ha introdotto la menzione dell'ambiente in due articoli della Costituzione: nell'art. 9 Cost. collocato tra i principi fondamentali e nell'art. 41 Cost. disciplinante l'iniziativa economica; riguardo a vicende come quella dell'Ilva di Taranto rileva soprattutto quest'ultimo disposto, il quale stabilisce che l'iniziativa economica privata non deve recar danno alla salute e all'ambiente, oltre che alla sicurezza.

Riferimenti bibliografici

GUARNIER T., *Ancora sul caso Ilva... sotto la lente della Corte di Strasburgo*, in *Diritto e Società*, n. 3/2018.

MASSA M., *Il diritto del disastro. Appunti sul caso ILVA*, in www.osservatoriosullefonti.it, n. 2/2013.

NAPOLITANO C., *Food security: percorsi per la sostenibilità alimentare*, in *Rivista quadrimestrale di diritto dell'ambiente*, n. 2/2020.

ROMBOLI R., *Nota a Corte cost., sent. 58/2018*, in *Il Foro italiano*, 2018, I, p. 1078 ss.

VIVALDI E., *Il caso ILVA: la "tensione" tra poteri dello Stato ed il bilanciamento dei principi costituzionali*, in www.federalismi.it, n. 15/2013.

RILIEVI CONCLUSIVI

Conclusivamente merita svolgere qualche rilievo sulla sicurezza pubblica e sulla materia che ne illustra la disciplina, cioè il diritto della sicurezza pubblica.

La sicurezza pubblica potrebbe essere raffigurata geometricamente come un poliedro, in quanto presenta numerose facce che concorrono a comporre una nozione unitaria: la poliedricità concerne le forme e gli ambiti territoriali in cui la sicurezza si manifesta.

Anzitutto, la sicurezza pubblica si esplica in molteplici forme a seconda dell'oggetto tutelato. Anche se nei vari capitoli le forme di sicurezza sono state analizzate distintamente, si è fatto qualche cenno ai nessi esistenti fra le medesime, nel senso che:

– una forma di sicurezza può palesare affinità con un'altra, ad esempio la sicurezza informatica è un ambito che rileva per la sicurezza della Repubblica (l'apparato governativo che tutela questa forma di sicurezza ha competenze anche riguardo a quella); oppure

– una forma di sicurezza può esercitare influenze su un'altra, ad esempio la sicurezza sportiva ha codificato un istituto, il DASPO (divieto di accesso a luoghi ove si svolgono manifestazioni sportive), che è stato trasposto nell'ambito della sicurezza urbana, il cosiddetto DASPO urbano o più esattamente DACUR (divieto di accesso alle aree urbane).

Inoltre, la sicurezza pubblica si esplica in svariati ambiti territoriali cioè ha una rilevanza multilivello, risultando una nozione non facilmente limitabile ad un singolo ordinamento. Anche se nei capitoli precedenti la disamina è stata riferita all'Italia, si è accennato all'influsso dell'Unione europea sulla normativa del nostro Paese, in particolare circa la disciplina della sicurezza informatica (che per sua natura ha rilevanza sovranazionale), poiché alcuni atti legislativi italiani riguardo a tale forma di sicurezza sono stati influenzati dalla regolazione dell'UE (direttiva NIS del 2016 recepita dall'Italia nel 2018); può ora aggiungersi che talvolta atti dell'Unione hanno considerato la sicurezza interna degli Stati membri, come il Regolamento UE 2019/452 che istituisce un quadro per il controllo degli investimenti esteri diretti nell'Unione da parte degli Stati membri per motivi di sicurezza o di ordine pubblico, facendo però salva la competenza esclusiva di ogni Stato membro riguardo alla sicurezza nazionale.

A prescindere dalle forme e dagli ambiti territoriali di esplicazione della sicurezza pubblica, rileva cogliere il nucleo di essa, che può essere definita come "bene pubblico" o, ancor meglio, "bene comune": ad esempio la prima definizione si trova nell'art. 4 d.-l. n. 14/2017, la seconda nell'art. 1, comma 2, legge reg. Toscana n. 11/2020. Tuttavia, si tratta di un bene comune "immateriale", poiché risulta un bene di rilevanza generale per l'intera collettività, pur se diverso dai beni comuni materiali (contraddistinti dalla fisicità dal momento che si vedono e si toccano, come l'acqua) in quanto è caratterizzato dalla immaterialità. Tale carattere però non fa venir meno l'importanza della sicurezza pubblica, anzi la accentua ed altresì ne sottolinea il carattere problematico: invero la immaterialità del bene sicurezza rende più difficile l'effettiva protezione di quest'ultimo.

La sicurezza pubblica può rendere necessarie alcune limitazioni alle libertà degli individui, ma è altresì una condizione per il miglior (più sicuro) godimento di queste, la quale può essere invocata dagli individui per l'esercizio dei propri diritti. Dalla prospettiva della "sicurezza dei diritti" emerge così la enucleabilità di un "diritto alla sicurezza", invero previsto da alcuni atti normativi (si vedano le disposizioni degli statuti della Campania, della Lombardia e del Veneto citate nel Cap. I, par. 3 verso la fine) e delineato: ora, in senso favorevole, come diritto di libertà; ora, in senso critico, quale percezione soggettiva della sicurezza (all'inverso della impostazione oggettiva della sicurezza dei diritti).

L'enucleazione del diritto alla sicurezza concorre a tratteggiare con una nuova sfumatura la materia diritto della sicurezza pubblica.

Nell'impostazione tradizionale, peraltro invalsa ancor oggi, il diritto della sicurezza pubblica s'incentra sul difficile rapporto fra autorità e libertà, in quanto tende a contemperare la tutela della sicurezza collettiva e la garanzia dei diritti individuali: punto di equilibrio delicato, ma essenziale per un ordinamento democratico.

Nell'impostazione più recente, il diritto "della" sicurezza pubblica, inteso come materia, si caratterizzerebbe in una modalità innovativa poiché rivolto a garantire il diritto "alla" sicurezza degli individui nei confronti dei pubblici poteri.

Riferimenti bibliografici

BONINI M., *La "sicurezza" come bene di rilievo costituzionale: l'equilibrio fra "autorità" e "libertà", una drammatica questione di civiltà (non solo) giuridica*, in PIZZOLATO F.- COSTA P. (a cura di), *Sicurezza, Stato e mercato*, Giuffré, 2015, p. 131 ss.

CERRINA FERONI G., *La sicurezza: un valore superprimario*, in *Percorsi costituzionali* n. 1/2008

MOSCA C., *La sicurezza come diritto di libertà*, Cedam, 2012.

RUOTOLO M., *Diritto alla sicurezza e sicurezza dei diritti*, in www.democraziaesicurezza.it, n. 2/2013.

APPENDICE NORMATIVA E DI DOCUMENTAZIONE

Normativa di riferimento

Si elencano in ordine cronologico i principali atti normativi di grado primario citati nei vari capitoli: essi sono reperibili, oltre che sulla Gazzetta Ufficiale nel testo originario, sul sito www.normattiva.it nel testo vigente il giorno della consultazione, testo che tiene conto delle modifiche nel frattempo intervenute.

R.d. 18 giugno 1931, n. 773 "Approvazione del testo unico delle leggi di pubblica sicurezza" abbreviato TULPS.

Legge 1° aprile 1981, n. 121 "Nuovo ordinamento dell'Amministrazione della Pubblica sicurezza", in part. artt. 1-22.

Legge 7 marzo 1986, n. 65 "Legge quadro sull'ordinamento della Polizia Municipale".

Legge 13 dicembre 1989, n. 401 "Interventi … tutela della correttezza nello svolgimento di competizioni agonistiche", in part. artt. 6–8-ter.

Legge 26 marzo 2001, n. 128 "Interventi legislativi in materia di tutela della sicurezza dei cittadini".

Legge 3 agosto 2007, n. 124 "Sistema di informazione per la sicurezza della Repubblica e nuova disciplina del segreto", in part. artt. 1-9, 15-16, 30-42.

D.-l. 23 maggio 2008, n. 92 "Misure urgenti in materia di sicurezza pubblica", convertito in legge 24 luglio 2008, n. 125, in part. artt. 6 e 7.

D.-l. 23 febbraio 2009, n. 11 "Misure urgenti in materia di sicurezza pubblica ...", convertito in legge 23 aprile 2009, n. 38, in part. art. 6.

D.lgs. 6 settembre 2011, n. 159 "Codice ... delle misure di prevenzione ...", in part. libro I, titolo I, artt. 1-15.

D.-l. 15 marzo 2012, n. 21 "Norme in materia di poteri speciali sugli assetti societari nei settori della difesa e della sicurezza nazionale, nonché per le attività di rilevanza strategica nei settori dell'energia, dei trasporti e delle comunicazioni" convertito in legge 11 maggio 2012, n. 56.

D.lgs. 19 agosto 2016, n. 177 "Disposizioni in materia di razionalizzazione delle funzioni di polizia e assorbimento del Corpo forestale dello Stato ...", in part. artt. 1-13.

D.-l. 20 febbraio 2017, n. 14 "Disposizioni urgenti in materia di sicurezza delle città" convertito in legge 18 aprile 2017, n. 48.

D.lgs. 18 maggio 2018, n. 65 "Attuazione della direttiva (UE) 2016/1148 del Parlamento europeo e del Consiglio, del 6 luglio 2016, recante misure per un livello comune elevato di sicurezza delle reti e dei sistemi informativi dell'Unione", in part. artt. 1-21.

D.-l. 4 ottobre 2018, n. 113 "Disposizioni urgenti in materia di ... sicurezza pubblica ...", convertito in legge 1° dicembre 2018, n. 132, in part. titolo II, capo I, artt. 16–5-sexies.

D.-l. 14 giugno 2019, n. 53 "Disposizioni urgenti in materia di ordine e sicurezza pubblica", convertito in legge 8 agosto 2019, n. 77.

D.-l. 21settembre 2019, n. 105 "Disposizioni urgenti in materia di perimetro di sicurezza nazionale cibernetica", convertito in legge 18 novembre 2019, n. 133, in part. artt. 1, 3 e 5.

D.-l. 21 ottobre 2020, n. 130 recante disposizioni urgenti su varie materie, convertito in legge 18 dicembre 2020, n. 173, in part. artt. 1, 6 e 11.

D.-l. 14 giugno 2021, n. 82 "Disposizioni urgenti in materia di cybersicurezza, definizione dell'architettura nazionale di cybersicurezza e istituzione dell'Agenzia per la cybersicurezza" convertito in legge 4 agosto 2021, n. 109.

Documentazione

Sono pubblicati sul sito www.sicurezzanazionale.gov.it :

D.P.C.M. 17 febbraio 2017 Direttiva recante indirizzi per la protezione cibernetica e la sicurezza informatica.

D.P.C.M. 31 marzo 2017 contenente il Piano nazionale per la protezione cibernetica e la sicurezza informatica.

Relazione pubblicata nel 2022 sulla politica dell'informazione per la sicurezza relativamente al 2021 e allegato il Documento sulla sicurezza informatica.

Sono pubblicate sul sito www.regioni.it :

Linee generali delle politiche pubbliche per la promozione della sicurezza integrata 24 gennaio 2018.

È pubblicato sul sito www.interno.gov.it :

Accordo per la promozione della sicurezza integrata tra il Ministero dell'Interno e la Regione Liguria 6 aprile 2019.

Ristampa effettuata nel mese di agosto 2023
nella Stampatre s.r.l. di Torino
Via Bologna, 220